외우지
않는
공부법

외우지 않는 공부법

모든 시험을 뚫는
합격 필승 공식

손의찬(메디소드) 지음

빅피시
BIG FISH

합격을 위한
공부의 무기가 여기 있다

이 책의 모든 공부법이 내 머릿속에서 창조된 것이라면, 그래서 모든 시험을 쉽게 정복해왔다고 말할 수 있다면 얼마나 좋을까? 하지만 그런 이야기는 내 것이 아니다. 나는 자주 넘어졌고, 오래 헤맸다. 중학생 때부터 '혹시 난독증이 있는 걸까?' 스스로 의심했다. 목표는 높았지만, 성적은 뚝뚝 떨어졌다. '퇴물'이라는 별명에도 익숙해졌다. 의대에 와서도 수재들과 비교하며 한 번, 암기의 벽 앞에서 두 번 좌절했다.

그때마다 나는 공부법에 도움을 청했다. 여러 공부법을 수집하고 적용하며 고비를 하나씩 넘었다. 그 과정을 지나고 나서야, 손안에 조용히 남은 결실을 발견했다. 그것이 이 책에 담긴 공부법들이다.

돌아보면 그 모든 어려움은 오히려 행운이었다. 처음부터 글을 잘 읽고, 시험 범위 내의 지식을 쉽게 외울 수 있었다면, 공부법을 찾아 헤맬 이유도 없었을 것이다. 그렇다면 인생이 조금 편했겠지만, 이 책을 쓸 기회는 없었을 것이다. 시험을 잘 치는 것보다, 세상에 가치 있는 책을 한 권 남기는 일이 더 의미 있다고 믿는다.

이 책은 공부법계의 《수학의 정석》을 만들겠다는 각오로 집필했다. 공부하는 사람이라면 누구나 책꽂이에 꽂아두고, 필요할 때마다 사전처럼 찾아볼 수 있도록 구성했다. 그만큼 보편적이고, 오랜 기간 검증된 방법만 담았다.

물론 나 스스로 이 공부법들에 확신을 갖기까지는 긴 시간이 필요했다. 공부법은 개개인의 상황에 좌우되는 면이 많기 때문이다. 여러 출판 기회가 있었지만 망설인 것도 그 때문이다. 하지만 30개 넘는 시험을 준비하는 1,200여 명의 학생을 지도하면서, 이 공부법이 특정 개인의 경험을 넘어선다는 걸 확인했다. 공부법의 객관성과 재현 가능성을 확보한 지금, 비로소 이 책을 세상에 내놓기로 결심했다.

외우지 않을수록
공부의 효과는 증폭된다

그렇게 나온 이 책의 제목은 '외우지 않는 공부법'이다. 여기에는 두 가지 의미가 있다.

첫 번째는, '암기'는 최대한 적게, 최대한 나중에 하자는 것이다. 아이러니하게도, '암기'는 모든 시험에 필요하지만, 동시에 가장 멀리해야 할 것이다. '암기'를 멀리할수록 더 효과적인 공부법이 된다. 반대로 모든 걸 암기로 해결하려는 방식은 최악의 공부법이다. 같은 시험을 준비해도 암기의 양과 타이밍은 사람마다 다르다. 공부를 잘하는 사람일수록 적게, 늦게 외운다.

두 번째는, 공부법 자체를 외우지 말자는 뜻이다. 여러 공부법을 접했는데도 성과가 없었다면, 껍데기만 본 탓이다. 공부 잘하는 사람의 겉모습만 따라 해서는 아무것도 바뀌지 않는다. 진짜 공부는 머릿속에서 이루어지기 때문이다. '왜 그렇게 공부하는가'를 이해해야, 내 공부에 맞게 적용할 수 있다. 그래서 이 책은 공부법을 외우게 하지 않는다. 순서대로 읽다 보면, 공부법의 원리부터 기술까지 자연스럽게 익혀지도록 구성했다.

동기부여 같은 감성은 빼고, 실전 공부법만 꽉 채웠다

1장에서는 공부법의 전체 체계를 설명한다. 공부법에는 지식 습득에 직접적으로 필요한 '좁은 공부법'과, 간접적으로 영향을 주는 '넓은 공부법'이 있다. 기존의 공부법 책들은 '넓은 공부법'에 지나치게 많은 분량을 할애했다. 독해법 책에서 동기부여를 하고, 암기법 책에서 집중력 높이는 법을 알려주는 식이다. 나는 그런 책이 싫었다. 이 책은 오직 '좁은 공부법'만을 다룬다. 분량을 채우기 위한 추상적이고 공허한 말은 한 페이지도 넣지 않았다.

2장에서는 공부법의 3가지 원리를 제시한다. 그 3가지는 목적감각, 능동감각, 순서감각이다. 모든 공부법은 이 원리로 설명할 수 있다. 이 개념을 정립해두면 어떤 공부법이든 스스로 해석하고 응용할 수 있다. 이 책의 모든 공부법 역시 이 3가지 원리를 기반으로 서술했다.

3장에서는 3가지 원리에서 독해법을 도출한다. 많은 사람은 글을 읽는 '목적'을 생각하지 않는다. 하지만 목적에 따라 독해 방법이 달라진다. 무엇을 위해 읽는지 분명히 해야 한다(목적감각). 문해력/사고력을 높이기 위해 책을 읽는 사람도 많다.

그런데 글자를 눈으로만 스쳐 읽으면 소용이 없다. 머리를 사용해서 읽어야 한다(능동감각). 많은 양의 글을 빠르고 정확하게 읽어야 할 때도 있다. 이때는 주의를 이동하는 순서가 중요하다. 생각의 순서에 따라, 지식 습득의 효율이 달라지기 때문이다(순서감각).

4장에서는 암기법을 체계적으로 정리했다. 많은 학생이 교재에 적힌 개념을 전부 외우려 한다. 이는 지식의 '쓰임새'를 고려하지 않기 때문이다. 문제를 맞히는 데 필요한 지식을 추리는 것이 우선이다(목적감각). 또한 글자를 외우는 데 그치지 말고, 글자 너머의 의미를 봐야 한다. 개념을 뜯어보고 다시 조립하듯 생각해야 한다(능동감각). 여러 암기법을 적용할 때도 적절한 순서가 있다. 그 순서를 따라야 비효율적인 반복이 제거된다(순서감각).

　5장에서는 교재와 기출 정리법을 다룬다. 이는 시험공부의 특수성 때문이다. 잘 읽고 잘 기억하는 것만으로는 충분하지 않다. 시험에서 요구하는 내용을, 시험에서 요구하는 시점에, 시험에서 요구하는 방식으로 꺼내야 한다. 이런 현실 때문에 몇몇 공부법이 더 필요하다. 단권화, 회독법, 기출 분석법 같은 공부법이다. 원리는 상세히 밝히면서도, 공부법의 결론은 단순 명료하게 정리했다.

공부법이라는 무기를 통해
또 다른 레벨의 세계로 나아가기를

공부법은 상황에 따라 시시각각 달라진다. 하지만 이 책은 '변하지 않는 것'에 대한 책이다. 어떤 시험을 준비하든, 어떤 과목을 공부하든, 변하지 않는 공부의 원리가 있다. 나는 그것을 발명한 것이 아니라, 발견했다. 공부법을 모조리 나열해놓고 깊이 들여다보면, 누구나 같은 결론에 도달할 것이라 믿는다. 내가 운 좋게 먼저 발견한 그 원리가 무엇인지, 어떻게 실제 공부와 연결되는지 이 책에서 소개하고자 한다.

　나는 공부법을 탐구한 것이 내 인생 최고의 경험이라고 확신한다. 단지 공부법 책을 썼기 때문에 하는 말이 아니다. 공부법을 고친다는 것은, 곧 내 생각을 고치는 일이었다. 생각을 고치려면, 내 생각을 들여다봐야 했고, 그 과정을 통해 내가 어떤 사람인지 잘 알게 되었다. 공부법 덕분에 나를 알게 되었고, 그것은 지금까지 얻은 것 중 가장 귀한 자산이다.

이 책을 통해, 공부법의 가치가 단지 시험 점수에 그치지 않는다는 것을 전하고 싶다. 공부법은 나를 이해하게 해주고, 나를 바꾸는 도구다. 그 사실을 누군가 이 책에서 발견하게 된다면, 그것만으로도 충분히 기쁠 것이다.

손의찬

차례

들어가면서

모든 시험을 뚫는 '합격의 필승 공식'을 찾기까지

제1부 준비편 | 합격을 위한 마인드셋

1장

지금까지 아무도 몰랐던 공부의 비밀

2장

합격의 문을 여는 3가지 원리

제2부 실전편 | 외우지 않는 공부의 기술

3장
어떤 내용도 빠르게 흡수하는 '독해 법칙'

4장
외우지 않는 '암기의 기술'

5장

정답 감각을 높이는
'초효율 기출·교재정리법'

마치면서

완전히 다른
레벨로의 초대

이 책의 활용법

1. 《외우지 않는 공부법》 로드맵

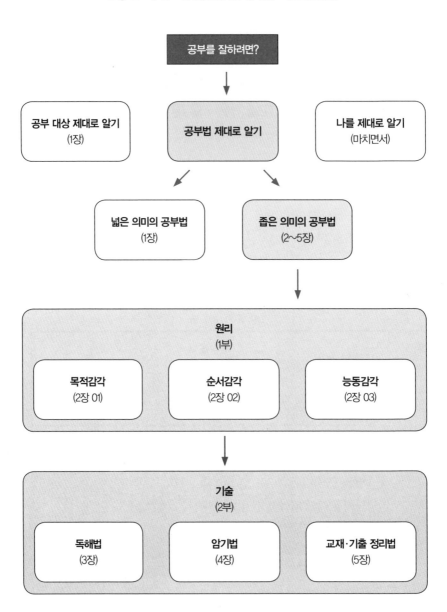

공부를 잘하려면?

공부 대상 제대로 알기 (1장)

공부법 제대로 알기

나를 제대로 알기 (마치면서)

넓은 의미의 공부법 (1장)

좁은 의미의 공부법 (2~5장)

원리 (1부)

목적감각 (2장 01)

순서감각 (2장 02)

능동감각 (2장 03)

기술 (2부)

독해법 (3장)

암기법 (4장)

교재·기출 정리법 (5장)

2. 시험별 공부 전략

사고형 시험을 준비하는 수험생(수능 국영수 과목, NCS, PSAT 등)

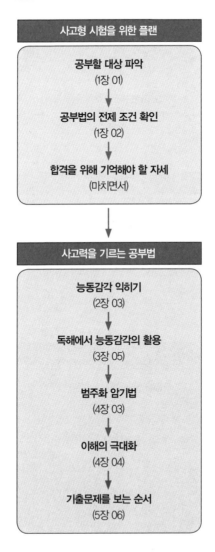

사고형 시험을 위한 플랜

공부할 대상 파악
(1장 01)

↓

공부법의 전제 조건 확인
(1장 02)

↓

합격을 위해 기억해야 할 자세
(마치면서)

↓

사고력을 기르는 공부법

능동감각 익히기
(2장 03)

↓

독해에서 능동감각의 활용
(3장 05)

↓

범주화 암기법
(4장 03)

↓

이해의 극대화
(4장 04)

↓

기출문제를 보는 순서
(5장 06)

암기형 시험을 준비하는 수험생(수능 탐구 과목, 내신, 자격증, 고시 등)

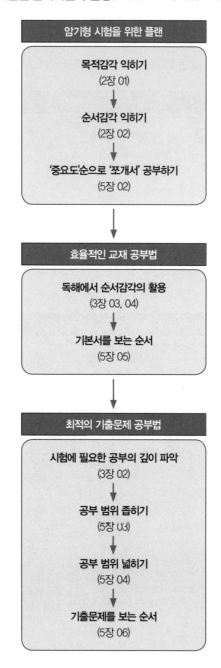

암기형 시험을 위한 플랜

목적감각 익히기
(2장 01)

↓

순서감각 익히기
(2장 02)

↓

'중요도'순으로 '쪼개서' 공부하기
(5장 02)

↓

효율적인 교재 공부법

독해에서 순서감각의 활용
(3장 03, 04)

↓

기본서를 보는 순서
(5장 05)

↓

최적의 기출문제 공부법

시험에 필요한 공부의 깊이 파악
(3장 02)

↓

공부 범위 좁히기
(5장 03)

↓

공부 범위 넓히기
(5장 04)

↓

기출문제를 보는 순서
(5장 06)

공부가 낯선 초보 수험생(공부의 감을 먼저 잡기)

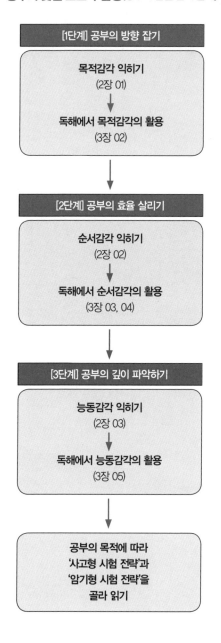

[1단계] 공부의 방향 잡기

목적감각 익히기
(2장 01)
↓
독해에서 목적감각의 활용
(3장 02)

[2단계] 공부의 효율 살리기

순서감각 익히기
(2장 02)
↓
독해에서 순서감각의 활용
(3장 03, 04)

[3단계] 공부의 깊이 파악하기

능동감각 익히기
(2장 03)
↓
독해에서 능동감각의 활용
(3장 05)

**공부의 목적에 따라
'사고형 시험 전략'과
'암기형 시험 전략'을
골라 읽기**

들어가면서

모든 시험을 뚫는
'합격의 필승 공식'을 찾기까지

의대로 가는 길을
알고 싶었다

"안녕하세요. 공부법을 가르치는 손의찬입니다."

내 유튜브 채널의 영상은 항상 이렇게 시작한다. 그래서인지 종
종 이런 댓글이 달린다.

"원래 똑똑해서 공부를 잘하는 사람이 어떻게 공부법을 가르쳐요?"

방법 때문이 아니라, 머리 때문에 결과가 좋았다는 것이다. 그러
나 나는 공부를 하며 타고난 머리의 한계를 수없이 느낀 사람이다.
그리고 그 순간마다 나를 구해준 것은 '공부법'이었다.

'혹시 난독증이 아닐까?'

중학교 때부터 교과서를 읽을 때면 늘 이런 생각이 들었다. 긴
글을 도무지 읽을 수 없었다. 글자 껍데기만 훑을 뿐 의미가 머릿속

에 안 들어왔다. 특히 작은 글자가 빽빽하게 들어찬 역사 교과서를 공부할 때는 억지로 머릿속에 집어넣으려고, 모든 문장에 밑줄을 그으며 읽었다. 그러나 책만 더러워지고 기억나는 건 적었다.

내가 우연히 찾은 방법은 교과서보다 문제집을 먼저 보는 것이었다. 개념이 부족해도 아는 지식으로 최대한 문제를 풀었다. 그리고 나서 답지를 보면 머리에 훨씬 잘 남았다. 그 후 교과서보다 문제집의 해설지와 더 친해졌다. 문제집으로 공부하는 방식 덕분에 고등학교 1, 2학년 때까지는 상위권을 유지할 수 있었다.

그러나 부족한 독해력은 학년이 올라갈수록 발목을 잡았다. 중요한 내신 시험에서 국어 때문에 무너졌고, '퇴물'이라는 별명까지 생겼다. 그 별명을 증명이라도 하듯, 성적은 점점 떨어졌다. 그리고 수능에서도 실패했다. 의대를 목표했던 사람의 점수라기엔 어이가 없을 정도였다.

수천 가지 공부법 중에서
비로소 나만의 지름길을 찾다

무너진 자존심을 회복하고 싶었다. 재수를 시작하고는 나 자신을 더 구속하며 오직 공부만 생각했다. 노력밖엔 할 수 있는 게 없어서 그냥 열심히 했다. 그런데 우려했던 대로였다. 죽어라 했는데도 성적은 한동안 그대로였다. 스트레스가 심해서 4개월 동안 10kg가

넘게 빠졌다. 이대로는 작년과 비슷한 결과가 나올 것이 분명했다.

이때쯤 공부법에 관심을 가지기 시작했다.

"공부라는 건 어떻게 작동하는 걸까? 모든 공부를 관통하는 방법론은 없을까?"

방법에 확신을 가지고 싶었다. '이대로만 하면 된다'라는 명쾌함을 원했다. 그래서 공부법 책을 보기 시작했다. 공부법 책이 그렇게 많은지 처음 알았다. 그러나 명확한 질서나 원리를 갖춘 책은 찾아보기 힘들었다. 대부분 일관성 없는 개별적인 조언만 가득했다. 또한 실질적인 기술보다는 동기부여 위주였다.

"네가 공부가 하기 싫은 것은 확실한 꿈이 없기 때문이야."

"지능은 타고나는 게 아니야. 누구나 할 수 있어."

이런 말은 그만 듣고 싶었다. 나는 공감과 격려를 원하는 게 아니라 실질적 방법을 알고 싶었다. "A라는 상황에서는 B 방법보다는 C 방법이 효과적이야"라는 명확한 공부 지침이 필요했다. 그러나 그런 걸 알려주는 책은 없었다.

어쩔 수 없이 매일 '공부법 노트'를 썼다. 오늘 내 공부에서 비효율적이었던 과정을 메모했다. 그리고 어떻게 개선할지 여러 공부법 자료를 보며 고민했다. 그렇게 내 문제를 하나씩 개선해나갔다.

점차 공부법을 습득하는 경로도 다양해졌다. 여러 시험의 합격 수기, 인터뷰, 공부법 유튜브도 찾아봤다. 한 문장이라도 얻을 수 있다면 뭐든지 봤다. 국내 자료에서 멈추지 않고 해외 자료로도 뻗어나갔다. 다양한 공부법을 참고하며 나의 공부를 정교하게 수정했다.

덕지덕지 붙은 나쁜 습관들은 하나씩 떼어냈다.

그렇게 '공부법 덕후'가 된 후 많은 변화가 일어났다.

1년 뒤, 의대에 합격했다.

3년 뒤, 의대에서 상위 10% 이내의 성적을 받았다.

4년 뒤, 내 공부에서 고민이 사라졌고 다른 이의 공부까지 돕기 시작했다.

5년째 되던 해, 공부법에도 패턴이 보이기 시작했다. 서로 달라 보이는 여러 공부법에 일관된 원리가 숨어 있었다. 공부법은 불규칙한 개념의 집합이지만, 특정 관점으로 보면 깔끔하게 정리되었다. 공부법에도 절대적으로 중요한 원칙이 있었다.

그 뒤로도 공부법을 놓지 않았다. 여러 학생을 지도하며, 다양한 상황에 나의 공부법을 적용해봤다. 그리고 결과를 살폈다. 그런 과정을 거듭하며 공부법을 세밀하게 다듬었다. 약간의 애매함도 제거하려고 노력했다. 의대 본과 시절은 의학을 배우는 과정이면서, 공부법을 연구하는 과정이기도 했다.

그러고도 3년이 더 흘렀다. 그동안 내가 분석하고 연구한 공부법을 이 책에 일목요연하게 정리했다. 시간을 되돌릴 수 있다면 수험생 시절의 나, 의대 공부를 헤매던 나에게 알려주고 싶은 공부법들이다. 이 책을 곱씹고 "내 공부에 어떻게 적용할까?"를 치열하게 고민한다면 100% 변화가 있을 거라고 확신한다.

공부머리의 한계에서
나를 구해준 공부법

공부법을 꿰뚫어볼 수 있게 되자 나의 과거가 모두 이해되었다. 고등학교 때 성적이 떨어진 이유, 재수 때는 성적이 급격히 오른 이유, 의대 시험을 남들보다 잘 치를 수 있었던 이유가 보였다. 나를 평생 괴롭혀온 낮은 독해력 문제도 해결되었다.

공부의 안개가 완전히 걷혔다. 물론 나보다 공부를 잘하는 사람은 많다. 다만 나는 공부의 원리를 알기에 효율적이며 효과적으로 공부할 수 있게 되었다. 고통스럽지 않을 만큼 공부하고, 상당히 좋은 성적을 받을 수 있었다.

공부 고민이 사라졌을 때쯤, 이 방법을 남들에게도 알려주고 싶어졌다. 그래서 블로그에 공부법 칼럼을 연재했다. 얼마 지나지 않아, 내 칼럼의 도움을 받았다는 사람들이 생겼다. 직접 도움을 요청해오는 사람들에게는 무료로 컨설팅을 했다. 내가 겪어본 적 없는 시험을 준비하는 수험생을 도와줄 때는 걱정되기도 했다. 그러나 결국 공부의 원리는 똑같다는 걸 알게 되었다.

언젠가는 내게 공부법을 배웠던 한 학생이 100대 1의 경쟁률을 뚫고 합격했다는 소식을 전해주기도 했다. 그토록 오래 고민한 공부법이 나뿐 아니라 많은 사람에게 도움을 줄 수 있다니, 공부법의 진짜 쓸모를 찾았다는 생각이 들었다.

사람들은 내가 평생 편하게 공부했을 거라고 생각한다. 그러나 고민과 우여곡절이 많았고, 불확실성 속에서 버틴 시간도 길었다. 공부법을 고민하느라 오히려 공부 시간이 줄어서 자책하기도 했다. 그러나 지금 생각해보면 그건 꼭 필요한 과정이었다. 긴 시간 나를 괴롭힌 공부 고민이 사라졌고, 여러 사람을 도와줄 수도 있게 되었으니 말이다.

공부법을 왜 배워야 하느냐고?

그런데 공부법에 거부감을 느끼는 사람도 많다. "공부 잘하는 법 같은 건 없다. 성공하는 방법은 다 다르다" 같은 말도 자주 들린다. 일부 맞는 얘기다. 공부법만 배우면 누구나 최상위권이 될 수 있다는 환상을 가져선 안 된다.

하지만 공부법은 알아야 한다. 공부는 아주 복합적인 의사결정의 총체다. 문제집을 볼지, 강의를 들을지, 단권화를 어디에 할지, 기출문제를 언제 볼지, 이 문제를 풀지 넘길지 등등 의사결정의 총합이 점수로 나타난다. 학습의 매 순간에 최선을 선택하도록 해주는 게 바로 공부법이다.

다만 '오답노트는 나쁘다', '단권화는 좋다'라는 식으로 단편적인 공부법을 기억하는 것으로는 부족하다. 개인의 특성이나 상황에 따라 적합한 방법이 다르기 때문이다. 오답노트가 유용할 때가 있고, 단권화가 필요 없을 때도 있다. 이 책에서는 공부법의 원리부터 세부적인 기술까지 짚어볼 것이다.

공부법을 배워 하루에 1%씩 더 나은 결정을 한다고 생각해보자. 언뜻 보기에 별 차이가 없을 것 같다. 하지만 1.01의 365제곱은 37.8이다. 하루 1%가 누적되면 1년 뒤에 37배의 차이가 난다.

공부의 원리와 방법을 이해한다면, 당장 눈앞의 시험뿐만 아니라 모든 지적인 활동이 편해진다. 사람은 누구나 평생 지적인 활동을 해야 한다. 그게 인간과 동물의 차이다. 회사에서 성과를 내는 것, 자기계발 서적을 읽고 활용하는 것, 비즈니스를 하는 것 등도 공부와 그 원리가 다르지 않다.

다시 한번 말하지만, 나는 공부 재능이 없는 편이다. 그렇기에 공부법을 시독할 정도로 파고들었다. 공부를 하며 내 머리의 한계를 수없이 느꼈다. 그리고 그 순간마다 나를 구해준 것은 공부법이었다.

의대 공부를 해보고 깨달았다.

'방법으로 재능을 꺾을 수 있구나. 노력과 방법이 더해지면 결과를 바꿀 수 있구나.'

특히나 인풋의 영역에서는 그게 더 명확했다. 당신도 그것을 꼭 느껴봤으면 한다. "난 재능이 부족해"라는 한마디로 포기하지는 않길 바란다.

이제부터 공부라는 게임을 정복해보자.

제1부 | 준비편

합격을 위한
마인드셋

1장

지금까지 아무도 몰랐던
공부의 비밀

지금 어떤 괴물과
싸우고 있는가

의대에서 신기한 경험을 했다. 시험 결과가 늘 예상과 어긋났다. 입학 때의 등수와 전혀 다른 결과가 나왔다. 수능 만점에 가까웠던 학생이 하위권이 되기도 했다. 반대로 나는 수능 점수는 낮은 편이었지만 의대 등수는 높았다.

왜 이런 일이 벌어졌을까? 수능이 학생의 역량을 반영하지 못해서? 입학한 후 IQ가 바뀌어서? 그렇지 않다. 수능과 의대 시험의 특징이 다르기 때문이다.

이런 현상은 자주 보인다. 중학교 최상위권이 고등학교 하위권이 되기도 한다. 그 반대의 일도 일어난다. 고등학생 때 공부를 잘했지만, 성인 시험은 도통 합격하지 못하는 경우도 많다. 갑자기 지능이 떨어졌거나 노력이 부족했기 때문이 아니다. 시험의 성격을 제대로 파악하지 못했기 때문이다. A 시험에서 적용했던 공부법을 그대로 B 시험에 적용했기 때문이다.

시험공부를 게임에 비유하자면 '시험'이라는 괴물을 '공부법'이라는 무기로 무찌르는 것이다. 괴물마다 특징이 다르므로 내가 상대할 괴물에 적합한 무기로 싸워야 이길 수 있다. 무기가 아무리 많아도 적절한 무기를 고르지 못하면 무용지물이다.

상황에 적합한 공부법이 필요하다. 공부법을 아무리 많이 알아도 제때 사용하지 못하면 쓸모가 없다. 적합하지 않은 공부법을 골랐을 때의 결과는 치명적이다. 어떤 시험에서 최상위권이었던 학생이 다른 시험에선 하위권이 된다. 그래서 영문도 모른 채 절망감을 겪는다.

이 책에서 많은 공부법을 배우겠지만, 그걸 언제 사용할지를 모르면 무용지물이다. 그래서 먼저 자신이 준비하는 시험의 특징을 이해해야 한다. 그 후에 여러 공부법을 배우는 게 바람직한 순서다.

모든 시험공부는 2단계로 나뉜다

모든 시험공부는 크게 두 단계로 나뉜다. 첫 번째는 지식을 쌓는 단계이고, 두 번째는 응용력을 높이는 단계다. 이것을 '인풋(입력)'과 '아웃풋(출력)'이라고 부르기도 한다. 지구상의 어떤 시험도 예외는 없다.

- 1단계: 지식을 배우는 구간(인풋)
- 2단계: 응용력을 높이는 구간(아웃풋)

공부했던 경험을 떠올려보자. 강의를 들어서 개념을 배우고(인풋), 여러 문제를 풀면서 응용력을 길렀을 것이다(아웃풋). 그 방식이 강의나 문제집이 아닐 수도 있다. 강의 대신 책으로 공부할 수도 있고, 문제집 말고 다른 자료로 연습할 수도 있다.

꼭 두 단계가 순차적으로 이루어지는 것도 아니다. 인풋과 아웃풋이 병행되기도 하고, 아웃풋 후에 다시 인풋을 하기도 한다. 그러나 반드시 두 가지가 모두 필요하다.

이 사실을 잘 이해하지 못하는 학생이 많다. 이들은 과목마다 공부 과정이 아예 다르다고 생각한다. 가령, 문과 과목의 공부법은 이과 과목에는 적용하지 못한다고 오해한다. 그러나 사실 공부 과정은 똑같다. 지식을 배우고, 응용력을 높이는 두 단계로 이루어진다. 예를 들어, 사회탐구와 수학을 비교해보자.

사회탐구 공부는 개념을 익히는 것에서 시작한다(인풋). 주로 수업을 들어서 이해하고, 기억한다. 이때 단권화, 암기법, 회독법 같은 공부법을 사용한다.

그러나 이게 끝이 아니다. 이후엔 개념을 응용하는 연습도 필요하다(아웃풋). 개념만 기억한다고 문제가 다 풀리진 않는다. 외우는 것과 별개로 지식을 활용하는 연습이 필요하다. 이런 연습 없이는 고득점을 받을 수 없다. 개념을 능수능란하게 사용해야 시험을 잘 친다.

수학에서도 분명히 기억할 요소가 있다(인풋). 기본 개념이나 공식은 당연하고, 정형화된 풀이도 기억해야 한다. 예제의 풀이를 기억해야, 그것을 조합해서 심화 문제의 해법을 떠올릴 수 있다.

수학 문제 풀이는 무(無)에서 유(有)를 만드는 과정이 아니다. 세상에 없던 풀이를 창조해내는 게 아니라, 배웠던 풀이법 중 어떤 걸 사용할지를 고민하는 것이다. 과거에 가장 어려웠던 의대 수리논술의 수석 합격자는 이렇게 말했다.

"대학 입시에서 출제되는 풀이의 기술은 정해져 있다. 나는 그런 기술을 정리한 노트를 만들어서 공부했다."

물론 풀이법을 외우는 것만으로 수학이 정복되지는 않는다. 여러 문제에 응용하는 연습도 필요하다. 문제 형식이 바뀌었을 때 어떻게 풀이법을 찾아낼지 훈련해야 한다(아웃풋).

이처럼 모든 공부는 지식을 익히고, 응용력을 키우는 두 단계로 이루어진다.

시험에 따라 달라지는 인풋 vs 아웃풋 비중

이처럼 모든 시험의 공부법은 비슷하다. 다만 차이점도 분명히 있다. 시험의 특성에 따라 인풋과 아웃풋, 두 단계의 비중이 갈린다. 사회탐구를 잘하는 것과 수학을 잘하는 건 다르다. 두 과목을 공부할 때 비록 같은 과정을 거치더라도, 인풋과 아웃풋의 비율이 다르기 때문이다. 사회탐구는 암기(인풋)가 더 중요하고, 수학은 적용 연습(아웃풋)이 더 중요하다.

내신과 수능을 비교해보자. 내신은 지식을 쌓는 자체가 중요하다. 시험 범위의 교과서와 필기를 외우는 게 공부의 대부분이다. 그러나 수능은 다르다. 공식과 풀이법을 외우는 건 공부의 시작일 뿐이다. 그것을 어려운 문제에 적용하는 것은 별개다. 오히려 적용의 과정이 더 중요하다. 즉 상대적으로 내신에선 인풋이, 수능에선 아웃풋이 중요하다. 이렇게 시험의 특성이 다르기 때문에 공부 방식도 달라져야 한다.

기억해야 할 정보가 많은 시험이 있다. 이런 시험에서는 인풋이 중요하다. 그래서 지식을 다루는 기술을 익혀야 한다. 목적에 맞게 분량을 줄이거나 범주화하는 방법이 대표적이다. 여러 암기법도 여기에 해당한다.

반면 사고력이 더 중요한 시험이 있다. 아웃풋이 중요한 시험이다. 이런 시험은 생각의 패턴을 설계해야 한다. 계속 고민하며 생각의 틀을 세워야 한다. 그래야 제한된 시간 내에 고득점할 수 있다.

나는 최상위 의대를 희망하는 학생들을 수없이 봐왔다. 그런데 이 학생들도 간혹 이 단계에서 혼란을 겪는다. 인풋과 아웃풋의 비중을 잘못해서 많은 문제가 생긴다.

단계가 달라지면 공부법도 달라진다

수학 선생 A가 이런 조언을 했다.

"수학 문제 풀 때는 절대 답지를 보지 마. 고민한 시간만큼 너의 실력이 돼."

그런데 선생 B는 이런 조언을 했다.

"수학을 잘하려면 해설지를 보고, 완전히 네 걸로 익혀야 해."

두 의견은 얼핏 반대되는 것처럼 보이지만 사실 그렇지 않다. A는 사고력의 관점(2단계, 아웃풋)에서 말한 것이고, B는 지식의 입력(1단계, 인풋) 관점에서 말한 것이다. 사고력을 기르려면 스스로 고민해야 한다. 그러나 그전에 기본적인 풀이법을 익히는 과정도 필요하다. 처음 풀이법을 배울 때는 모범답안을 먼저 보는 공부법도 좋다.

그런데 원리를 모르면 공부법을 오해한다.

"왜 사람마다 말하는 게 다른 거야? 역시 공부법에는 정답이 없구나."

그러나 사실 본인이 오해한 것이다. 해당 공부법이 두 단계 중 어디에 해당하는 조언인지 구분해야 한다. 1단계의 공부법을 2단계에 적용해선 안 된다. 그 반대도 마찬가지다.

또 다른 예를 보자. 공부 계획을 짤 때는 한 번에 한 과목씩 공부하라고 조언한다. 그런데 이 공부법의 맥락을 모르면 이렇게 질문한다.

"이번 주는 왜 수학만 하고, 국어는 하면 안 되나요? 국어는 금방 감이 떨어지는데요."

이것도 학생이 공부법을 오해한 것이다. 한 번에 한 과목씩 공부하라는 건 처음 개념을 배우는 1단계에 적용하는 방식이다. 그리고 문제 풀이의 감을 유지하는 건 2단계 과정(아웃풋)이다. 2단계, 아웃풋 훈련을 할 때는 여러 과목을 공부하면서 감을 유지하는 게 더 효과적이다. 그런데 이 학생은 공부법을 잘못 이해해서 정반대로 공부할 뻔했다.

내가 지금 어떤 괴물과 싸우고 있는지, 어떤 단계에서 싸우고 있는지 반드시 확인해야 한다. 물에 사는 괴물과 싸우면서 횃불을 가져가면 안 된다.

내가 볼 시험에 맞게 공부법을 적용하라

초중등 시험은 1단계(인풋)의 비중이 대부분이다. 지식을 배우면 끝이다. 알면 맞히고 모르면 틀린다. 그런데 고등학교에 올라오면 2단계(아웃풋)가 중요해진다.

개념이나 풀이법을 그냥 외우면 수능 고득점이 나오지 않는다. 수능에선 사고력을 높이는 훈련이 더 많이 필요하다.

수능에 익숙해진 학생은 공부의 감각이 아웃풋에 집중되어 있다. 그래서 수능에서 효과적이었던 공부법을 대학에서도 사용한다.

1단계(인풋) 비중이 더 큰 시험에서, 2단계(아웃풋)의 전략을 구사하니 결과가 안 나온다. 적절하지 않은 무기를 고른 것이다.

이런 이유로 본과 공부에서 헤매는 의대생이 많다. 수능에선 전국 1% 안에 들었지만, 시험 성격이 바뀌니 힘을 쓰지 못한다. 지식을 관리하는 능력을 기르지 않고, 무작정 사고력 위주로 공부했기 때문이다. 의대 공부는 수능과 달리 많은 지식을 다룰 줄 알아야 한다. 그러므로 많은 양의 지식을 다루는 기술을 익혀야 한다.

지금 당신이 공부하는 시험에 맞게 공부해야 한다. 수능을 공부한다면 직접 머리를 굴리는 시간을 늘려야 한다. 강의만 계속 듣는 공부는 안 된다. 2단계를 소홀히 하고 1단계에 집중하는 것은 본질적으로 잘못된 접근이다. 반면 성인 대상 시험을 준비한다면 수능과 반대다. 무작정 오래 고민하는 게 정답이 아니다. 지식을 효율적으로 정리하는 능력이 필요하다.

지금까지 우리가 무찔러야 할 괴물의 특징을 알아봤다. 이제 여러 무기를 가지러 가자. 이 책은 당신을 위한 무기 창고가 될 것이다. 무기 창고에 여러 무기가 체계적으로 분류되어 있듯, 이 책은 공부법을 체계적으로 분류했다. 이것을 이해하면 자유자재로 공부법을 꺼내 쓸 수 있게 된다.

공부법을 배우기 전에 알아야 할 것

이제 우리에겐 적절한 무기가 필요하다. 시험에 따라, 시기에 따라 적합한 공부법을 선택해야 한다.

과거엔 공부법 자체가 희소했다. 합격 수기를 돈 주고 사서 보던 시절도 있었다. 애초에 무기가 몇 개 없으니 고민할 것도 없다. 있는 무기를 가지고 어떻게든 싸웠다. 반면 지금은 공부법이 넘쳐난다. 온갖 합격 수기, 유튜브 영상, 공부법 책이 있다. 오히려 무기가 너무 많아서 복잡하다.

사람마다 추천하는 무기도 제각각이다. 정보에 휩쓸린 학생은 혼란을 겪는다. 적절하지 않은 무기를 가지고 싸우러 간다. 어차피 무기는 다 비슷하다며, 칼 하나로 모든 괴물과 싸우기도 한다. 무기는 중요하지 않다며 맨손으로 싸우는 학생도 있다.

이런 문제를 해결하기 위해, 우선 공부법을 분류할 것이다. 창과 방패를 잘못 쓰지 않도록, 칼과 총을 헷갈리지 않도록 할 것이다. 이 구분을 이해하면 상대에 따라 적절한 무기를 집어들 수 있다. 이 분류 자체에 공부의 원리도 녹아 있다. 공부법의 체계를 이해하면 공부를 잘하는 데에도 도움이 될 것이다.

좁은 공부법과 넓은 공부법

공부법은 크게 두 갈래로 나눌 수 있다.

첫째는 지식 습득과 직접적으로 연관된 공부법이다. 이를 '좁은 의미에서의 공부법', 즉 '좁은 공부법'이라고 부른다. 독서법, 암기법, 회독법 같은 방법론은 좁은 공부법에 속한다.

둘째는 지식 습득과 직접 연관은 없지만 공부에 도움이 되는 공부법이다. '넓은 의미에서의 공부법', 즉 '넓은 공부법'이라 부른다. 시간 관리, 집중력, 동기부여, 멘탈 관리 같은 내용이 넓은 공부법에 해당한다. 공부 시간이 늘어나고, 집중력이 높아지면 공부에 도움이 된다. 그러나 그것만으로 지식이 기억되는 건 아니다. 간접적으로 공부를 도울 뿐이다.

- 좁은 공부법: 지식 습득과 직접적으로 연관

(독서법, 암기법, 회독법 등)

- 넓은 공부법: 지식 습득과 간접적으로 연관

(시간 관리, 집중력, 동기부여, 멘탈 관리 등)

멋진 몸을 가지고 싶은 남자가 있다. 운동 루틴을 철저히 짜고, 영양제도 먹고, 늘 '몸짱' 사진을 보며 의지를 다진다. 그러나 몸이 좋아지지 않는다. 왜 그럴까? 아마 운동을 잘못했을 것이다. 혹은 열심히 하지 않았을 것이다. 계획만 잘 짠다고 몸이 만들어지지 않는다. 올바른 자세로, 꾸준히 운동해야 결과가 나온다. 동기부여보다는 내 몸을 제대로 사용하는 게 중요하다.

공부도 마찬가지다. 공부를 잘하려면 '지식 습득은 어떻게 이루어지는지', '지식을 어떻게 대해야 하는지' 먼저 알아야 한다. 책을 엉터리로 읽으면, 동기부여 영상을 보고 공부 시간을 늘려도 소용이 없다. 공부는 공부를 잘하는 방법 그 자체에 집중할 때 가장 큰 효율이 난다. 공부의 본질은 넓은 공부법이 아니라 '좁은 공부법', 즉 공부를 잘할 수 있는 직접적인 방법에 있다.

몇 년간 공부법 덕후로 살면서 많은 공부법 책을 봤다. 그런데 대부분 넓은 공부법을 다루느라 좁은 공부법에 소홀하다. 암기법이 궁금해서 책을 펼쳤는데 "암기를 잘하려면 집중력을 높여야 한다" 같은 얘기를 들으면 허무했다.

물론 넓은 공부법도 중요하다. 나 또한 시간 관리, 집중력 같은 분야에도 관심이 많다. 분명히 공부의 질을 높이는 데 도움이 된다.

그러나 넓은 공부법은 좁은 공부법이 제대로 확립되었을 때만 효과가 있다. 기본적인 공부 태도가 잘못되면 시간관리를 열심히 해도 소용이 없다. 잘못된 방향으로 과도한 노력을 기울이게 된다. 공부가 더 힘들어진다.

좁은 공부법은 그것들끼리 모아서 보면 그 체계가 명확히 드러난다. 지식 습득의 원리가 무엇인지 보인다. 그리고 좁은 공부법을 제대로 익혔을 때 넓은 공부법이 더 빛을 발한다.

이 책은 좁은 공부법의 명확한 체계와 원리를 안내할 것이다. 혹시라도 공부의 동기부여가 필요하다면, 공부 시간 늘리는 법이 궁금하다면 다른 책을 추천한다. 이미 훌륭한 자기계발서가 너무나도 많기 때문이다(그럼에도 혹시 어떤 책을 읽어야 할지 궁금한 독자를 위해 맨 뒤에 추천 도서 목록을 정리해두었으니 참고하기 바란다).

좁은 공부법이 효과를 내기 위한 전제 조건

공부법(좁은 공부법)에는 3가지 원리가 있다. 이 원리를 기반으로 모든 공부법을 풀어낼 것이다. 그러나 공부법을 논하기 전에 몇 가지 전제 조건을 설명하고 넘어가야 한다.

모든 공부법은 이 전제 조건 위에 세워졌다. 그래서 이것을 이해해야 공부법을 적합하게 활용할 수 있다. 이는 공부법의 기본 철학이며, 공부를 잘하기 위한 마음가짐이기도 하다.

[전제 조건 1] 효과적인 사고방식은 배울 수 있다

'학생 때는 공부를 못했으나, 마인드를 바꾸고 성공했다.'

이런 내용의 영상이 유튜브 알고리즘에 뜰 때가 있다. 영상을 보지 않아도 댓글이 예상된다.

"그걸 재능이라고 하는 거야. 노력하는 재능."

"쟨 그냥 머리가 좋은 건데."

"타고나야 공부 잘하는 거 맞다. 부정하고 싶어도 세상이 그래."

모든 성공은 재능과 운으로 결정된다고 믿는 사람이 있다. 그들은 공부법이란 걸 배워봤자 소용없다고 생각한다. "3모 성적이 수능 성적이다", "의대 성적은 DNA에 쓰여 있다", "리트(LEET, 법학적성시험) 성적은 신이 내려준다" 같은 유명한 말들도 있다.

인간은 주체적으로 미래를 설계할 수 있는가, 아니면 주어진 대로 살아갈 것뿐인가? 이런 논쟁은 인류 역사상 계속되었다. 정답을 모르는 문제다. 그러나 적어도 공부할 때는 주체적인 태도가 필요하다. 재능으로 모든 게 정해진다는 생각은 노력을 방해할 뿐이다.

간혹 나에게도 이렇게 말하는 학생이 있다.

"공부법이 다 무슨 소용이죠? 당신은 그냥 머리가 좋은 것 같은데요?"

열변을 토하면서 '어차피 공부는 재능'일 뿐이라고 주장한다. 왜 그렇게까지 열을 낼까? 그래서 얻는 게 뭘까? 아마 하나일 것이다. '내가 공부를 못하는 건 머리가 나쁜 탓이지, 내 잘못이 아니야'라는 합리화. 그래서 잠깐 마음이 편해지는 것.

그러나 오히려 이런 마음은 성적의 발목을 잡을 뿐이다. "방법을 알면 공부를 잘할 수 있어"라는 말을 들으면 불편함을 느끼고 외면해버린다. 아무것도 하지 않으니, 당연히 아무런 변화도 생기지 않는다.

반면 이런 조언을 듣고 다르게 반응하는 학생이 있다.

'저 사람은 저렇게 했구나. 나도 해봐야겠다.'

공부 방식을 바꿔보면서 자신에게 맞는 방법을 찾는 학생은 결과도 바꿀 수 있다. 작은 태도의 차이가 큰 결과의 차이로 이어진다. 이런 '성장형 사고방식'을 가진 학생이 실제 학업 결과도 좋다는 연구 결과도 있다.

이 책은 주장한다. 공부에는 효과적인 사고방식이 있다. 그것을 공부법이라 부른다. 그리고 좋은 공부법을 따라 하면 이전보다 좋은 생각을 할 수 있다. 좋은 생각은 좋은 결과로 이어진다. 공부에는 운/재능/노력이라는 3가지 변수만 있는 게 아니다. '방법'이라는 4번째 변수도 있다.

[전제 조건 2] 공부의 목적에 집중해야 한다

공부법의 세계에선 '목적'이 중요하다. 시험공부에도 분명한 목적이 있다. 시험공부의 목적은 '시험에 빠르게 합격하는 것'이다. 적게 공부해서 높은 점수를 받는 건 좋다. 반면 오래 공부해서 낮은 점수를 받는 건 나쁘다. 오직 목적에 부합한 것만 좋다. 적어도 공부법의 세계에선 그렇다. 이 책은 그 목적에 날카롭게 집중할 것이다.

공부에는 목적이 없다고 생각하는 사람도 있다. 혹은 효율을 따져서는 안 된다고 생각하는 사람도 있다. 물론 재미나 성장을 위해 공부하는 거라면 공부법을 배울 필요는 없다. 그런 사람은 굳이 효율적으로 공부하지 않아도 된다.

이 책은 삶의 방식을 정해주는 책은 아니다. 공부를 무조건 효율적으로 해야 한다고 주장할 생각은 없다. 그러나 빠르게 합격하고 싶다면 효율적인 방식으로 공부해야 한다. 많은 학생이 빠르게 합격하고 싶으면서도 비효율적으로 공부한다. 예를 들어, 시험에 필요하지 않은 지식을 수집한다면, 이는 목적을 고려하지 않는 것이다.

오직 목적에 집중해서 불필요한 건 제거하고, 비효율은 덜어내야 한다. 목적만 제대로 의식해도 공부의 효율이 높아진다. 이에 대해서는 '목적감각' 챕터에서 다시 다룰 것이다.

[전제 조건 3] 개념으로 배우고, 감각으로 느껴야 한다

알고 보면 간단한 원리도, 처음에는 어렵게 느껴질 수 있다. 그래서 쉽게 와닿는 용어로 공부법을 설명하고 싶었다. 그래서 공부법에 '목적감각', '순서감각', '능동감각' 같은 이름을 붙였다. 공부법의 원리를 개념화한 이름들이다.

사실 개념화는 위험하다. 틀로 세상을 찍어내면 깎여나가는 부분도 있다. 개념에 포착되지 않는 부분이 생긴다. 그러나 공부법에서는 개념화의 장점이 더 크다고 생각한다. 이름을 붙이면 초보자도 공부법을 쉽게 배울 수 있다.

물론 용어 자체가 중요한 건 아니다. 개념은 소통하기 위한 도구일 뿐이다. 그 개념을 밟고 한 단계 올라서면, 그때부터는 스스로 생각할 수 있다. 개념을 체화하고 나면 더 이상 이름은 중요하지 않다. 공부법은 용어로 기억하는 게 아니라 몸으로 느껴야 한다.

공부법을 외우고 줄줄 읊는 건 의미가 없다. 본인이 행동하고 터득한 감각만이 의미 있다. 이 책은 내가 실행하고 느꼈던 감각을 글로 바꾼 것뿐이다. 그것을 자신의 지혜로 만들려면 경험이 필요하다. 공부가 되는 느낌을 직접 체험하는 게 중요하다. '공부가 잘되는 느낌은 이런 거구나'라는 공부의 감각을 익혀야 한다.

그래서 이 책에선 중간중간 과제를 던질 것이다. 반드시 본인의 공부에 적용하면서 따라오길 바란다. 새로운 행동을 하는 것에 저항감이 있더라도 꼭 해보길 바란다. 그래야 그 감각을 느낄 수 있다.

이제 공부법을 배우기 위한 준비 작업이 끝났다. 본격적으로 공부법의 기본 원리를 살펴보자. 지금까지 경험하지 못했던 진짜 공부법의 세계를 보게 될 것이다.

2장

합격의 문을 여는
3가지 원리

목표만을
정조준하는 태도

몇 년에 걸쳐 수많은 공부법을 수집했다. 그리고 공부법들의 공통된 원리를 찾으려고 노력한 결과, 공부법의 바탕에는 3가지 원리가 있음을 발견했다. 이 3가지 원리를 제대로 이해해야만 앞으로 소개할 공부법을 제대로 활용할 수 있다. 한번 살펴보자.

합격을 좌우하는 공부의 3가지 원리는 바로 목적감각, 순서감각, 능동감각이다. 각각의 의미가 무엇인지는 차차 소개할 것이다. 소위 공부의 '감'이 좋은 학생들이 있다. 그들은 이 3가지 중 일부가 선천적으로 발달한 것이다. 그러나 후천적으로도 배울 수 있다. 지금까지 많은 학생이 배워 갔다.

이 3가지 원리는 공부에만 사용되는 게 아니다. 나는 공부법을 깨닫고 업무의 효율도 좋아졌다. 의대 상위권을 유지하면서 사업도 병행했다. 매일 독서도 하고, 운동도 했다. 나는 처음부터 생산성이 높았던 사람은 아니다. 공부법의 근간이 되는 3가지 원리를 체득한 덕분에 공부뿐 아니라 다른 영역에서도 성과를 얻었다.

실제로 종종 사업가들에게서 연락이 온다. 내 공부법에서 도움을 받았다고 인사를 한다. 왜 공부법이 사업에 도움이 되었을까? 이해가 안 될 수도 있다. 그러나 어떤 분야에서든 효율적으로 성과를 내는 원리는 비슷하다. 방법을 배우면 당신도 할 수 있다.

그 중심에는 '목적감각'이라는 개념이 있다. 목적감각을 처음 배우면 '이건 정말 공부할 때 중요하겠구나' 생각한다. 그러나 조금만 지나면 '이건 평생 기억해야 할 개념이구나'라고 감탄한다. 도대체 목적감각이 뭐기에 이렇게까지 말하는 걸까?

목적감각이란?

사람은 누구나 평생 공부한다. 시험을 안 치더라도 마찬가지다. 주어진 업무를 성공적으로 해내는 것도 시험을 잘 치는 것과 같다. 어떤 일에서 성과를 내는 바탕에는 모두 같은 원리가 있다. 그건 바로 목적감각이다.

목적감각이란 한마디로 하면 '일의 처음부터 끝까지, 궁극적 목적에 초점을 두는 태도'다. 모든 일에는 궁극적 목적이 있다. 그리고 모든 행동을 할 때는 그 목적에 도움이 되는지 생각해야 한다. 공부를 하든 일을 하든 다 똑같다. 어떤 일을 시작할 때부터 최종 목적에 초점을 맞추는 것이 목적감각이다.

목적을 잊는 사람은 성과를 내기 힘들다. 〈골목식당〉이라는 프로그램에서 그 예시를 볼 수 있다. 백종원이 음식점 주인에게 적절한 조언을 준다. 그 조언은 대부분 목적감각에 관한 것이다.

예를 들어, 장사가 잘되지 않아 고민인 주인이 있다. 알고 보니 너무 많은 재료를 쓰는 것이 원인이다. 팔아도 남는 게 없는 지경이다. 백종원은 꼭 필요한 재료만 쓰라고 조언한다. 그런데 음식점 주인은 자신의 철학이라며 바꿀 수 없다고 한다.

물론 좋은 재료를 많이 쓰는 건 훌륭하다고 칭찬받을 수도 있다. 그러나 '매출을 높인다'는 목적에는 안 좋은 전략이다. 장사가 잘되길 원하면서, 장인 정신의 전략을 쓰고 있으니 문제다. 목적과 전략이 안 맞다.

또 어떤 주인은 닭강정이 팔리지 않아서 고민이다. 백종원이 "어떤 메뉴가 제일 잘 팔려요?"라고 물어보자, 핫도그가 잘 팔린다고 한다. "근데 왜 닭강정을 팔려고 하세요?" 물어보니, 남편과 닭강정 연구를 오래 했다고 했다. 닭강정에 애정이 생긴 것이다. 많이 팔리는 게 아니라, 내가 좋아하는 걸 파는 것이다.

"잘 팔리는 걸 파셔야쥬."

섬세한 목적감각을 가진 사람이라면 이쯤에서 문제점을 파악할 수 있다.

목적에 맞지 않는 것은 다 깎아내는 과감함이 필요하다. 공부도 이렇게 해야 한다. 적어도 인생을 건 중요한 시험이라면 그렇다. 묵묵히 앉아서 열심히 한다고 성적이 오르는 게 아니다. 지금 내 행동의 목적이 뭔지 항상 의식해야 한다. 공부에서 목적을 의식한다는 게 뭘까? 지금 공부하는 이 지식이 어디에 쓰이는지 아는 것이다. '이걸로 뭘 할 수 있어야 하지?'라는 질문을 던져봐야 한다. 그게 공부의 방향성을 정해준다.

"공부가 제일 쉬웠어요"라고 말한 변호사가 있다. 나는 공부도 어렵다고 생각하지만, 이 말에도 일부 공감한다. 공부는 목적이 뚜렷하기 때문이다. 공부 이외의 대부분은 목적을 정하는 것부터가 어렵다. 요식업을 하는 사람은 매출 높이기, 장인 정신 발휘하기, 자아 실현하기 사이에서 갈등한다.

그러나 시험공부는 목적이 이미 정해져 있다. 문제를 많이 맞히는 것밖에 없다. 그 목적에 맞게 전략을 짜기만 하면 된다. 목적이 명확하면 지금 할 일도 명확해진다.

사람은 누구나 올바른 방향을 알고 싶어 한다. 철학적 고민을 하는 것도, 종교를 믿는 것도 그런 마음 때문이다. 그리고 방향성이 분명해질 때 편안함을 느낀다. 내가 나아갈 방향에 확신이 생기기 때문이다.

목적감각은 삶의 목적을 정해주지는 않는다. 그러나 이미 정해진 목적이 있을 때, 정확한 방향으로 가도록 안내해준다. 공부를 한다면 누구나 분명한 목적이 있다. 그 목적을 명확히 인지하고 올바른 방향으로 갈 때 공부가 편해진다. 모든 행동에 확신이 생기기 때문이다.

목적감각을 잊을 때 벌어지는 일들

날카로운 목적감각을 유지하는 일이 쉽지는 않다. 공부하면서 저지르는 실수의 절반 이상이 목적감각이 흐트러져서 생긴다. 당신도 비슷한 실수를 하고 있을 가능성이 높다. 대표적인 예를 몇 가지 살펴보자.

최근에 유행처럼 번지는 공부법 오류가 있다. 개념 공부에 과도하게 집중하는 것이다. '인강 열심히 복습하는 게 문제풀이보다 중요해', '개념을 완벽히 이해하기 전까진 문제 안 풀어야지', '기출문제는 좋은 문제니까 마지막까지 아껴서 풀어야지' 등의 생각이 대표적이다.

시험공부의 목적은 문제를 맞히는 것이다. 개념 이해보다도 문제를 잘 푸는 게 더 중요하다. 그런데 왜 문제 풀이를 뒤로 미루는 걸까?

물론 개념 이해도 중요하다. 그러나 '개념만 많이 알고 문제는 못 푸는 사람' 혹은 '개념을 완벽히는 몰라도 문제를 잘 푸는 사람' 중에 어떤 사람이 되고 싶은가? 개념만 많이 아는 사람은 똑똑한 불합격자가 된다. 반면 문제만 잘 푸는 사람은 영리한 합격자가 된다.

영리한 합격자가 목적감각이 높은 사람이다.

기출문제는 가장 좋은 문제니까 아껴서 풀겠다는 학생도 있다. 기출문제는 교과서의 지식이 어떻게 활용되는지 구체적으로 보여준다. 같은 지식을 익히더라도, 어떤 문제를 풀어야 하는지에 따라 필요한 공부가 다르다. 가령, 객관식 시험과 서술형 시험을 똑같이 준비해서는 안 된다. 기출문제를 마지막에 보겠다는 건 지식의 사용처를 고려하지 않는 것이다. 그러면 공부의 방향성을 제대로 잡을 수 없다.

이 외에도 목적감각이 낮은 사례는 많다. "너는 학자가 아니야. 수험생이지." 학생들에게 이런 말을 자주 한다. 간혹 모든 지식을 체계적으로 정리하려는 학생이 있다. 수험생이 아니라 학자처럼 공부한다.

이런 공부 방식을 '학자의 오류'라고 부른다. 똑똑한 학생일수록 그런 욕구가 있다. 빈틈없이 체계적으로 정리되면 짜릿하다. 지식에 빈틈이 있을 때 불편함도 든다. 그런데 시험공부는 그래선 안 된다. 진짜 에너지를 투입해야 할 곳은 따로 있다. 계속 출제되는 내용, 혹은 등급을 가르는 어려운 주제에 집중해야 한다.

아는 건 많지만 시험에 합격하지 못하는 학생이 있다. 왜 그럴까? 그건 시험에 쓰이지 않는 지식을 많이 모았기 때문이다. 시험 점수를 올리는 건, 역설적으로 완벽함을 버리는 데서 나온다. 모든 걸 다 공부하려는 생각으로는 한계가 있다. 공부량이 많은 시험일수록 그 한계가 극명히 드러난다.

어떤 일에 본격적으로 몰입하면 시야가 좁아진다. 그래서 자기 앞에 있는 그 작은 일만 보인다. 궁극적인 목적을 잊는다. 교재를 완벽히 외우는 게 목표인지, 시험을 잘 치는 게 목표인지 잊는다. 앞에 있는 일에만 정신을 쏟으면 안 된다. 멀리 보면서 최종적인 목적도 함께 생각해야 한다. 가까이서 보다가 멀리서 보기를 반복하는 '줌 인-아웃'이 필요하다.

지금 하는 공부의 방향성을 매 순간 체크하라

"공부는 빡세게 해야지", "그렇게 잔머리 굴리다가 큰코다친다"라고 말하는 사람이 있다. 목적에 맞게 공부하라는 말을, 깊이 공부하지 말라는 뜻으로 오해한 것이다.

그러나 이해가 안 되도 넘어가라거나, 얕게 공부하라는 건 아니다. 오래 고민하고, 깊이 공부해야 하는 개념도 있다. 그러나 이 고민이 목적에 도움이 되는지 매 순간 판단해야 한다. 그게 목적감각이다.

예를 들어, 갑자기 1+1이 왜 2인지 궁금해졌다. 그런데 수능 수학을 한 번이라도 풀어봤다면 알 것이다. 1+1이 왜 2인지는 수능과 전혀 관련이 없다. 수능 수험생이 1+1이 2인 이유를 공부하는 게 목적에 부합할까? 그렇지 않다.

학자같이 파고드는 공부가 나쁘다는 게 아니다. 장점도 있다. 한 주제를 깊이 공부할 때는 꼬리에 꼬리를 물고 공부하는 방식도 좋다. 수험생이 아닐 때 그렇게 공부하는 건 유익하다. 다만 시험공부에서는 목적에 항상 집중해야 한다. 목적에 따라 공부의 방향성이 정해진다. 내가 해야 할 행동과 하지 말아야 할 행동이 정해진다.

앞으로 지식을 습득하는 모든 순간에 목적을 생각해야 한다. 그것만으로도 공부의 질이 달라진다. 나의 행동에 확신을 갖게 된다. 나는 습관처럼 "이 일의 목적이 뭐지?"라는 질문을 던진다. 목적을 정하면 불필요한 행동을 덜 수 있다. 그래서 남들보다 적은 시간을 들여 결과를 얻을 수 있다.

이 책을 읽을 때도 목적감각에 유의해야 한다. 당신이 책을 읽는 궁극적 목적은 시험을 잘 치는 것이다. 공부법 이론을 마스터하는 게 목적이 되면 안 된다. 그건 지적 허영심이고 학자의 오류다.

공부법을 이론으로 접근하면, 실제 공부에 적용하는 시간이 줄어든다. 공부법 이론가가 되려고 하면 안 된다. 내 공부 방식을 고치는 데에 집중해야 한다. 내가 평소에 어떻게 공부해왔는지 떠올려보고, 그걸 어떻게 고칠지 고민해야 한다.

합격의 최단 루트를
찾는 비결

나는 공부의 효율이 누구보다 절실했다. 의대에 다녔지만, 공부만 하며 살기는 싫었다. 늘 밤새며 공부하는 의대생이 되기는 싫었다. 나뿐만 아니라 누구나 효율적으로 공부하길 원한다. 시험을 3년 만에 합격하기보다는 1년 만에 합격하고 싶다. 책을 한 달 만에 이해하기보다는 일주일 만에 이해하고 싶다. 공부의 목적을 빨리 달성하기를 원한다.

그런데 대부분은 어떻게 공부이 효율을 높이는지 모른다. '똑똑한 사람이 효율도 좋겠지'라고 생각한다. 그런데 효율을 높이는 데도 원리가 있다. '공부의 순서'를 바꾸는 게 핵심이다. 아직 와닿지 않을 것이다.

"어차피 같은 양의 공부를 하는데? 순서만 바꿔도 효율적이라
고?"

순서감각이란?

음식을 먹을 때도 적절한 순서가 있다. 레스토랑에서 코스 요리를
먹을 때 나오는 음식 순서는 아무렇게나 정해진 게 아니다. 어떤 순
서로 먹었을 때 맛이 좋은지 연구 끝에 정해진다. 식당에 나오는 순
서의 반대로 먹으면 훨씬 맛이 없을 것이다. 후식을 먼저 먹은 다음
고기를 먹고 샐러드를 먹는다면 식사를 맛있게 즐기기 힘들다.

공부도 이와 비슷하다. 지식을 습득하는 데에도 좋은 순서가 있
다. 적절한 순서로 공부해야 앞뒤 공부가 시너지를 낸다. 테트리스
게임에서 블록 쌓는 순서가 중요한 것과 같다. 공부의 순서만 바꿔
도 효율이 올라간다. 이렇게 공부에서 순서를 잘 조정하는 사람을
'순서감각'이 좋다고 한다.

의대 최상위권이나 전문직 시험에서 초단기간에 합격하는 사람
들은 공부의 순서가 남들과 다르다. 그들의 공부법을 살펴보면, 효
율적인 순서에 대한 힌트를 얻을 수 있다. 그런 순서를 기억해뒀다
가 공부에 적용해야 한다.

그게 바로 공부의 효율을 높이는 방법이다. 그러나 당신이 그런
작업을 군이 하지 않아도 된다. 이미 효율적인 순서를 찾아서 이 책

에 정리해뒀다. 이것만 잘 익혀도 충분하다.

기존에도 효과적인 학습 절차에 관한 연구는 많이 있었다. 특히 정보가 제시되는 순서가 기억에 중요하다는 사실이 밝혀져 있다. 이 책은 거기에서 더 확장한다. 학습자 스스로 순서를 바꿔서 효율을 높일 수 있다.

지금까지 내 공부에 얼마나 많은 비효율적 요소가 있었는지 알게 될 것이다. 그리고 그 비효율을 제거할 수 있게 될 것이다. 우선 공부의 순서를 바꾼다는 게 뭔지 살펴보자.

순서감각은 이럴 때 필요하다

보통의 학생들은 이렇게 공부 계획을 짠다.

"두 달 동안 개념을 끝내고, 다음엔 기출을 분석하고, 다음에 모의고사를 풀고, 마지막에 파이널 강의를 들어야지."

이게 일반적인 커리큘럼이다. 그러나 이런 순서는 지식을 습득하기에 효율적인 순서는 아니다. 일률적으로 학생을 가르치기 쉬운 방식일 뿐이다. 개념/기출/모의고사/파이널로 나누는 자체가 일종의 마케팅이라고 생각한다. 생각 없이 순서대로 따라가면 돈과 시간을 낭비하게 된다.

사실은 개념을 공부하기 전에 기출문제를 먼저 봐도 된다. 그게 더 좋은 경우도 많다. 개념을 잘 이해하기 위해 모의고사에서 관련

문제만 풀어도 된다. 혹은 기출문제에서 특정 유형의 문제가 부족하면, 모의고사에서 그 유형만 골라서 풀어도 된다. 반드시 개념을 마스터하고 기출 문제를 풀고 난 뒤에는, 모의고사를 보지 않아도 된다. 스스로 순서를 조정하면 더 효율적으로 공부할 수 있다.

기본서를 읽을 때도 마찬가지다. 순서를 조정할 줄 알아야 한다. 가장 유명한 방법은 목차를 먼저 읽으면서 책의 구조를 파악하는 것이다. 책이 너무 어려우면 이해할 수 있는 부분부터 읽어도 된다. 쉬운 것부터 이해하다 보면 어느새 어려운 내용도 읽을 수 있게 된다.

재미있어 보이는 부분부터 읽어도 된다. 그러면 책의 진입장벽이 낮아지고 읽는 속도도 빨라진다. 핵심만 쏙쏙 빼먹으며 읽을 수도 있다. 저자의 핵심 주장만 찾아서 읽는 것이다.

상황에 따라, 책을 읽는 목적에 따라 다양한 전략이 있다. 그런데 순서를 바꿀 수 있다는 생각을 못 하면 이런 전략을 하나도 못 쓴다.

또한 순서감각은 시험을 치는 중에도 중요하다. 순서감각이 낮은 학생은 무조건 1번부터 꼼꼼히 푼다. 그래서 시험지 초반부에 어려운 문제가 나오면 무너진다. 이런 행동을 하는 건 뭐든지 앞에서부터 차례대로 해야 한다는 고정관념 때문이다.

그러나 문제는 점수 받기에 유리한 순서대로 풀면 된다. 순서는 자기가 정하는 것이다. 앞에서부터 안 풀었다고 불안해할 필요가 없다.

순서를 조정하는 건 공부 동기부여에도 활용할 수 있다. 어떤 일을 계속하려면 동기가 중요하다. 하고 싶은 마음이 없는데 지속하기는 힘들다. 이때 공부 순서를 바꾸는 것도 좋은 방법이다. 자기계발서를 보면 하기 싫은 일을 먼저 하라는 조언이 있다.

브라이언 트레이시의 《개구리를 먹어라!》라는 책에서도 그렇게 말한다. 어차피 오늘 개구리를 먹어야 한다면, 괜히 고민하지 말고 지금 당장 먹으라고 한다. 하기 싫은 일을 미뤄두면 계속 떠오르면서 스트레스가 많아진다. 반면 하기 싫은 일을 먼저 해버리면 이후에는 스트레스가 없어진다. 그 일을 해냈다는 성취감 때문에 의욕도 높아진다. 이게 바로 순서감각을 활용한 동기부여다.

일의 개수를 줄이는 전략도 있다. 시간관리법에 관한 책들을 보면 1~2분 내로 끝낼 수 있는 일은 당장 처리하라고 한다. 남은 일이 많으면 머리가 복잡해진다. 그래서 능률이 떨어진다. 따라서 사소한 일은 빨리 처리해, 남은 일의 개수를 줄이라는 것이다. 사소한 일이라도 10개 남아 있는 것과 3개 남아 있는 건 부담감이 다르다. 이런 것도 순서감각을 활용해 동기를 유지하는 방법이다.

우리 대부분의 머릿속에는 순서를 따라야 한다는 인식이 깊이 박혀 있다. 아마도 학교 교육의 영향 때문일 것이다. 시험을 공부할 때는 수업을 듣고, 교과서를 읽은 다음 문제집을 풀라고 배운다. 책은 항상 앞에서부터 차례대로 읽어왔다. 시험을 칠 때도 늘 1번 문제부터 풀어왔다. 일을 할 때는 지시받은 순서대로 해왔다.

이런 것은 무수히 많은 순서 중 하나에 불과하다. 그리고 이런 전통적인 순서는 대부분 비효율적이다. 우리는 효율적인 순서를 채

택해야 한다. 그러려면 일단 기존의 고정관념을 깨야 한다. 기존의
익숙한 순서만 고집해선 안 된다.

나만의 효율적인 순서를 찾아라

이 책을 읽을 때도 순서감각에 유의하자. 반드시 앞에서부터 순서
대로 읽어야 한다는 강박을 버리자. 목차를 보고, 읽고 싶은 내용을
먼저 살펴보자. 혹은 평소에 공부하면서 궁금했던 부분을 먼저 찾
아보자.

평소 독해력이 고민이었다면 3장을, 암기가 고민이었다면 4장
을 찾아보면 된다. 책 읽는 순서를 마음대로 바꿔도 된다는 걸 느껴
보자. 그리고 나면 효율적인 순서를 파악할 수 있다.

어떤 일에 능숙해진다는 건, 좋은 순서가 몸에 익는 것이다. 회
사에서 새로운 일을 맡으면 버벅거린다. 적절한 순서를 몰라서 왔
다 갔다 한다. 그런데 일에 익숙해지고 나면 효율적인 순서를 찾는
다. 영리한 사람은 그 순서를 메모해두고 그대로 반복한다.

이 책에 공부에서 효율적인 순서를 모아두었다. 이런 순서를 미
리 배워두면 앞으로 공부에서 시행착오가 줄어들 것이다.

능동감각

눈 말고 뇌로
제대로 공부하기 위하여

살면서 여러 공부 천재를 봤다. 어릴 땐 그저 감탄하며 바라봤다. 나와 다른 세상 사람들이라 생각했다. 그런데 공부법을 연구하고는 생각이 바뀌었다. 생각하는 법도 배울 수 있음을 알았기 때문이다.

압도적 성과를 낸 사람을 만나면 그 비결을 알아내려고 노력했다. 대화할 기회가 있으면 은근히 공부법을 물었다. 물론 "어떻게 공부하세요?"라고 물은 것은 아니다. 평소 어떤 식으로 사고하는지 간접적으로 알아냈다. 이런 경험이 축적되면서 그들의 공통점을 몇 가지 찾았다. 그중 하나가 '능동감각'이라는 개념이다.

공부 천재들은 모두 능동감각이 높다. 뒤집어 말하면, 능동감각이 높으면 공부를 잘할 수밖에 없다. 지금 공부를 잘 못해도, 능동감

64

각이 높은 학생은 잠재력이 높다. 조금만 다듬어주면 금방 놀랄 만한 성과를 가지고 온다. 그만큼 능동감각은 공부에서 핵심적인 태도다. 그러나 능동감각은 쉽게 가질 수 없는 것이기도 하다.

능동감각이란?

공부하는 시간을 세 종류로 구분할 수 있다. ① 앉아 있지만 사실 공부가 안되는 시간, ② 외부의 지식을 내 머리로 넣는 시간(인풋), ③ 내 머리의 지식을 외부로 꺼내보는 시간(아웃풋).

책을 읽는 상황을 생각해보자. 글자가 눈에서 튕겨 나갈 때가 있다. 공부가 안되는 시간이다. 글자를 눈으로 줄줄 읽을 때도 있다. 지식을 머리에 넣는 시간이다. 좀 전에 읽었던 것을 떠올려볼 때도 있다. 지식을 꺼내 보는 시간이다.

이 중에서 세 번째, 지식을 꺼내보는 시간이 많을수록 공부의 효과가 좋다. 이런 사람은 머리를 많이 사용하는 사람이다. 이렇게 능동적으로 지식을 사용하는 사람을 보고 '능동감각'이 높다고 한다.

우리는 지식을 뇌에 저장하려고 공부한다. 그런데 의외로, 지식은 넣으려고 할 때보다 꺼낼 때 더 잘 저장된다. 꾸역꾸역 넣을 땐 안 들어가는데, 꺼내다 보면 어느새 들어가 있다. 지식을 받아들이려는 어떤 노력보다도, 내가 지식을 사용해보는 것이 효과적이다. 미국의 학습법 전문가 헨리 뢰디거도 이를 증명했다. 정보를 여러 번 읽거나 구조화할 때보다 스스로 떠올리려고 애쓸 때 기억이 강화된다는 것이다.

똑같이 한 번 읽고도 더 많이 기억하는 학생이 있다. 보통 그런 학생은 단지 머리가 좋은 것이라고 생각한다. 그러나 깊이 들여다보면 능동감각이 좋은 경우가 대부분이다. 이런 학생은 같은 교재를 공부해도 태도가 다르다.

수동적으로 공부하는 학생은 글자 자체만 본다. 그러나 능동감각이 높은 학생은 글자를 뜯어보고 고민한다. 글자 너머의 생각을 보려고 애쓴다. 어떤 의미가 있는지 스스로 고민한다. 머리를 쓰는 시간이 많으니, 많이 기억할 수밖에 없다.

우리 머리가 톱니바퀴로 돌아가는 기계라고 상상해보자. 능동적인 학생의 머리에는 열이 펄펄 나고 있을 것이다. 반면 수동적인 학생의 머리는 고요할 것이다.

앞서 목적감각은 공부의 방향성을 정해주고, 순서감각은 공부의 효율을 높인다고 했다. 능동감각은 '공부의 깊이'를 위해 중요하다. 의대생 중에는 능동감각이 높은 사람이 많다. 특히 수능을 잘 친 사람일수록 그렇다. 수능은 개념을 외우는 것으론 충분하지 않다. 응용이 더 중요하다. 즉 개념을 깊이 체득해야 한다. 수능에서 초고득점을 했다면, 그 공부법에는 능동감각이 빠질 수 없다.

반면 의대 시험을 잘 치는 학생은 순서감각이 높은 경우가 많다. 의대 시험은 하나의 개념을 깊이 공부하길 요구하지 않는다. 방대한 양을 빠르게 기억해야 한다. 즉 깊이보다는 효율이 중요하다. 그래서 능동감각보다는 순서감각이 중요하다.

나는 수험생 때부터 순서감각이 좋았고 능동감각은 안 좋았다. 머리를 많이 굴리지 않고, 잔꾀를 부려 공부했다. 현역 때 수능을 망친 이유다. 재수생 때는 능동감각을 잘 보완해서 겨우 재수에 성공했다. 그런데 이런 기질이 의대에서는 유리했다. 그 덕분에 남들보다 효율적으로 높은 성적을 받을 수 있었다.

순서감각은 지식에 가깝고, 능동감각은 태도에 가깝다. 지식은 태도보다 가르치기 쉽다. 타고난 능동감각이 뛰어난 학생은 순서감각만 교정해주면 펄펄 날아간다. 나는 순서감각에 관한 지식은 많지만, 능동감각은 상대적으로 약하다. 그래서 만약 하나의 공부 역량을 높일 수 있다면 능동감각을 고를 것이다.

능동감각의 중요성은 모두가 안다. 피아노를 배우려면 피아노 유튜브만 봐서는 안 된다. 직접 쳐봐야 연습이 된다. 월드컵을 본다고 축구가 늘진 않는다. 직접 몸으로 공을 다뤄봐야 한다. 영어 회화를 잘하려면 직접 말을 해봐야 한다.

그런데 유독 공부할 때는 이런 점에 소홀하다. 지식을 머리로 다뤄보는 게 중요한데, 남이 하는 강의를 듣기만 한다. 그런 태도로는 공부가 되지 않는다. 그건 월드컵 영상만 보면서 축구를 배우려는 것과 같다.

공부를 열심히 했다는 착각에 빠지지 마라

누군가는 요즘이 공부하기 좋은 환경이라고 한다. 공부를 돕는 보조 자료가 많아졌기 때문이다. 그러나 이런 환경은 역설적으로 공부를 방해하기도 한다. 능동적으로 공부하기는 더 어려운 환경이기 때문이다. 머리를 쓰지 않고 눈으로만 공부하기가 쉽다. 그래서 어느 때보다도 능동감각이 중요해졌다.

많은 수험생이 인강으로 공부하는 걸 선호한다. 수능 외에 다른 시험에서도 인강 시장이 점점 커진다. 하지만 그게 꼭 좋기만 한 것은 아니다. 언뜻 생각하면 전국 1타의 강의를 모두가 듣는 건 좋은 일이다. 하지만 인강이 없던 시절보다 수험생 실력이 높아지지는 않았다. 현장에서 오래 일해온 강사들도 비슷한 의견이다.

강의 환경은 좋아지는데 왜 학생들의 실력은 나아지지 않을까? 학생들이 능동성을 잃어가기 때문이다. 인강은 능동적인 공부를 방해할 수 있다.

인강은 너무 편한 학습 수단이다. 집에서 컴퓨터만 켜면 강의가 나온다. 강사님들 입담도 엄청나다. 커리큘럼만 따르면 나도 합격할 수 있을 거 같다. 점점 의존하게 된다. 스스로 머리 쓰는 습관을 잃어간다.

직접 개념을 떠올리는 시간은 없이, 하루에 7~8강씩 진도만 쭉쭉 나간다. 직접 기출을 분석하지 않고, 기출 풀이 강의만 듣는다. 시험 직전에 직접 마무리하지 않고, 파이널 강의만 듣는다. 능동적으로 머리를 써야 실력이 는다. 그런데 인강은 그 정반대에 있다. 인강을 많이 들을수록 수동적으로 공부하게 된다.

또한 강의는 스스로 뭔가를 깨달았다는 착각을 일으킨다. 특히 전달력이 좋은 강의는 그런 착각을 일으키기 쉽다. 그러나 공부를 열심히 했다는 느낌과 진짜 공부가 된 것은 다르다. 오히려 공부가 되지 않았음에도 잘못된 확신을 갖게 된다. 이런 느낌에 속으면 지식에 빈틈이 생긴다.

그래서 공부할 때는 중간중간 계속 내가 제대로 아는지 확인해야 한다. 강의를 듣는다면 반드시 중간에 멈춰 가며 '지금까지 들은 이야기가 뭔지' 되뇌어봐야 한다. 잘 떠오르지 않으면 그 부분을 채우고 넘어가야 한다. 교재를 읽을 때도 마찬가지다. 한 챕터를 읽으면, 머릿속으로 내용을 떠올려봐야 한다. 그렇게 해야 '안다는 착각'이 아니라, 진짜 지식이 쌓인다.

또한 요즘은 누군가 정리해놓은 자료를 보는 것이 유행이다. 어떤 개념이 중요한지, 문제 유형이 어떻게 변하는지, 개념끼리 어떤 관련이 있는지 스스로 정리하지 않는다. 남에게 맡긴다. 교재 대신 정리본을 구해서 보는 경우도 흔하다. 그러나 이것은 능동감각이 낮은 공부법이다. 그 자료를 정리한 사람만 머리를 쓰고, 나는 머리를 덜 쓰게 된다.

지식을 직접 다듬고 정리하는 과정을 거쳐야 지식이 머리에 남는다. 내가 기출문제를 직접 분석해야 그 경향성이 내 안에 고스란히 남는다. 이는 강사 말만 듣는 것과는 다르다.

내가 교재를 요약하면, 요약한 결과만 남는 게 아니다. 그 과정이 나에게 스며든다. 요약된 것만 봐도 나머지 내용이 떠오른다. 이건 남이 쓴 요약본을 외우는 것과 차원이 다르다. 그래서 모든 정리는 내가 직접 해야 의미가 있다.

능동감각을 이용해 공부하는 법

그런데 이렇게 능동적으로 공부하는 게 절대 쉽지 않다. 머리를 능동적으로 굴리면서 공부하고 싶지만 마음대로 되지 않는다. 정신 차려보면 눈이 글자를 스쳐 지나간다. 수동적으로 손만 움직이고 있다. 강의는 귀를 비껴간다. 그게 편하기 때문이다.

사람은 편한 방식을 따르는 게 자연스럽다. 자기 자신을 의식적으로 컨트롤하는 건 힘들다. 스마트폰 중독을 생각해보자. 스마트폰을 보면 집중력이 떨어지는 걸 머리로는 안다. 그래도 그냥 손이 간다.

의식으로 컨트롤이 안 되면, 환경을 이용해야 한다. 스마트폰 중독을 극복하는 방법도 스마트폰을 없애거나 서랍에 넣어놓는 것이다. 공부에서도 환경을 이용해 능동적인 공부 습관을 유도해야 한다. 공부법을 잘 선택하는 것도 환경을 이용하는 방법이다. 최대한 수동적인 공부를 줄이고, 능동적인 공부를 늘려야 한다. 배움의 과정을 최대한 능동적으로 구성하는 것이다.

교재를 읽거나 강의 듣는 시간을 줄이자. 대신 문제를 풀고 분석하는 시간을 늘리자. 교재 읽기나 강의 듣기에 비해 문제를 풀고 분석할 때는 어쩔 수 없이 머리를 굴리게 된다. 내가 직접 생각하는 시간이 많아지도록 공부 계획을 짜는 것이다. 혹은 직접 간단한 문제를 만들 수도 있다. 문제를 만들고 풀어보는 과정에서 저절로 머리를 쓰게 된다.

① 어떤 내용을 문제로 만들지 선별하고, ② 어떤 식으로 문제화할지 고민하고, ③ 내가 직접 문제를 풀어본다. 이렇게 세 번이나 지식을 사용한다. 암기 카드로 공부하는 것도 비슷하다. 이렇게 공부법을 선택해서 능동성을 높일 수 있다.

이 책에선 무작정 "머리를 많이 쓰세요"라고 하지 않을 것이다. 그건 나도 하지 못했다. 대신, 머리를 저절로 쓰게 되는 공부법을 소개할 것이다. 그런 공부법을 이용하면 공부가 잘될 수밖에 없다.

이 책을 읽을 때도 능동감각에 유의해보자. 그저 눈으로만 읽으면 남는 게 없다. 지금까지는 공부법을 배울 때 수동적으로만 받아들였을 것이다. "음, 저 공부법은 다른 데서도 들어봤었지", "이건 좀 새롭네" 정도에 머물러선 안 된다. 지금부터라도 능동적으로 공부법을 적용해보자.

앞으로 각 챕터에는 간단한 과제가 있다. 과제를 할 때는 꼭 손으로 써보길 바란다. 머리로 생각하는 것과 글로 써보는 것은 하늘과 땅 차이다. 글로 써봐야만 내 생각을 남김없이 관찰할 수 있다. 작은 오점까지 잡아내고, 빈틈을 메울 수 있다. 글쓰기는 궁극의 능동감각을 이끌어낸다. 직접 해봐야만 그 느낌을 알 수 있다.

제2부 | 실전편

외우지 않는
공부의 기술

3장

어떤 내용도 빠르게 흡수하는 '독해 법칙'

독해에도 상황별 접근이 필요하다

지금까지 공부법의 기본 원리 3가지를 배웠다. 목적감각, 순서감각, 능동감각은 모든 공부법의 기반이다.

원리를 배웠으니 적용해볼 차례다. 3가지 원리가 현실의 공부에서 어떻게 적용되는지 살펴보자. 이번 장에서는 '독해법'에 목적감각, 순서감각, 능동감각을 적용해 가장 효과적인 방법을 찾을 것이다.

독해법은 일반적인 독서에만 필요한 게 아니다. 수험서를 공부하거나 강의를 듣는 것에도 독해의 원리는 사용된다. 그래서 독해법을 아는 것이 모든 공부의 시작이다.

한 교수님에게서 이런 말을 들은 적이 있다.

"학부 시절에는 공부하는 방법만 익혀도 성공이야."

그만큼 학습법, 그중에서도 독해법은 습득하는 데 오랜 기간이 걸린다. 직접 공부하면서 느끼고, 조금씩 바꿔나가야 한다. 그건 학부 시기 전체를 바쳐도 의미가 있을 정도로 중요한 과정이다.

독해법을 빨리 터득하면 일찍부터 효율적으로 공부할 수 있다. 그러면 전공 공부를 할 때도, 취업을 위해 공부할 때도 유리하다. 반면 독해의 감각을 터득하지 못한 사람은 평생 비효율적으로 공부한다. 공부는 너무 힘들고, 내 길이 아니라고 생각하게 된다.

지금부터 살펴볼 내용은 그런 사람을 위한 것이다. 조금이라도 빨리 독해법을 익힐 수 있길, 그래서 편하게 공부할 수 있길 바란다.

목적감각

목적에 맞게
읽고 있는가

공부 내용을 제대로 읽고 이해하려면 우선 목적이 명확해야 한다. 운동할 때도 그렇다. 체중 감량이 목적일 때와 근육 증량이 목적일 때는 방법이 다르다. 요리할 때도 그렇다. 건강한 식단이 목적일 때와 맛있는 식사가 목적일 때는 방법이 다르다.

책을 읽을 때도 목적에 따라 방법이 다르다. 책을 읽는 목적은 사람마다 제각각이다. 감정을 느끼려고 책을 읽는 사람이 있다. 반면 지식을 얻고 싶어 읽는 사람도 있다. 생각하는 힘을 기르려고 읽는 사람도 있다. 독서의 목적은 누가 정해주는 게 아니라 내가 정하는 것이다. 그리고 내가 정한 목적에 따라서 읽는 방식도 바뀐다.

글을 읽는 목적을 혼동할 때 문제가 생긴다. 지식을 배우고 싶은

데 감정적으로 책을 읽는 사람이 있다. 사고력을 기르고 싶은데 효율적인 독해법만 추구하는 사람도 있다. 문제만 맞히면 되는데 지나치게 깊게 고민하는 학생도 있다. 그래서 열심히 읽고도 독서의 목적을 달성하지 못한다. 이건 독서에서 목적감각이 부족할 때 생기는 일이다.

독서에는 수많은 목적이 있을 수 있지만, 대표적인 4가지를 살펴보자.

1. 감정을 느끼기 위한 독해

감정을 느끼기 위해 글을 읽을 때가 있다. 주로 문학을 그런 목적으로 읽는다. 어려운 상황을 극복해낸 인물에게서 용기를 얻는다. 현실에서 경험하기 힘든 로맨스를 간접적으로 경험한다. 공포 소설을 통해 극한의 스릴을 느낀다. 유머와 웃음을 통해 일상의 스트레스를 잊는다. 자신과 비슷한 상황에 놓인 주인공에게 위로받는다.

이러한 독서에는 특별한 독해법이 필요하지 않다. 다만 나와 맞는 책을 골라야 한다. 문학 작품은 인간관계를 주제로 삼는 경우가 많다. 관련된 경험이 없다면 읽어도 느끼는 게 없다.

그러나 새로운 경험이 생기면 같은 글도 다르게 읽힌다. 사랑을 하면 서정적인 문학이 잘 읽히고, 좌절을 겪으면 고난을 극복하는 문학이 잘 읽힌다. 주인공의 작은 독백까지도 생생하게 가슴에 꽂

한다. 내 경험과 연결되는 지점이 많을수록 술술 읽힌다.

책을 통해 감정을 느끼는 것은 위대한 일이다. 그러나 목적을 혼동하면 위험하다. 정보를 전달하는 글을 감정 위주로 읽어선 안 된다. 인간은 강렬한 감정과 연관된 상황을 잘 기억한다. 정보성 글을 읽을 때도 이것이 작용한다. 그래서 중요한 정보가 아니라 인상적인 문장을 기억한다. 책의 내용을 설명할 때도 와닿은 문장 몇 개만 읊는다. 그러나 이는 독서의 목적에 맞지 않게 읽은 것이다.

이 책을 읽는 당신은 어떤가? 혹시 위로받으며 글을 읽고 있진 않은가? '나도 공부를 잘 할 수 있겠다'라는 희망만 느끼며 읽는 건 아닌가? 위로나 희망을 얻는 것도 좋지만, 감정에 휩싸여 책의 중심 내용을 놓쳐선 안 된다. 이 책을 읽는 목적은 공부법을 배우기 위함일 것이다. 그렇다면 그 목적에 맞게 읽어야 한다.

2. 그저 눈으로만 훑는 독해

글을 읽는 가장 흔한 목적은 지식이나 지혜를 얻는 것이다. 학생은 시험 준비를 위해 교과서를 읽는다. 생산성을 높이고 싶은 사람은 시간관리법 책을 읽는다. 시험공부를 효율적으로 하고 싶은 사람은 공부법 책을 읽는다. 인생의 의미를 탐구하고 싶은 사람은 철학 서적을 읽는다.

목적이 뚜렷할수록 독해법이 날카로워진다. 내가 필요한 부분만 잘 읽으면 되기 때문이다. 가령 요리책을 읽는다고 생각해보자. 된장찌개 만드는 법이 궁금한데 모든 요리법을 다 꼼꼼히 읽을 필요는 없다. 재테크 책도 마찬가지다. 주식을 사고파는 방법이 궁금한데, 계좌 만드는 방법부터 읽을 필요는 없다.

시험에 대비해서 공부할 때도 그렇다. 시험에 절대 나오지 않는 부분을 열심히 읽을 필요는 없다. 목적을 뾰족하게 인지할수록 효율적으로 독해할 수 있다.

글을 읽는 목적이 잘못되면 독해 전체가 무너진다. 그 대표적인 예가 바로 과거의 나였다. 나는 모든 글자를 꼼꼼히 보는 것을 목적으로 삼았다. 중요하지도 않은 문장에 꽂혔고, 한 단어라도 놓칠까 봐 걱정했다.

그래서 정작 책의 큰 흐름을 보지 못했다. 완독한 뒤에도 개운한 기분이 들지 않았다. 강의를 들을 때도 그랬다. 선생님 말을 하나도 놓치기 싫었다. 한 마디라도 놓치면 앞으로 돌려서 다시 들었다. 그러나 그건 강박에 불과했다. 공부에 아무런 도움이 되지 않았다.

이 모든 것은 공부의 목적이 불명확했기 때문이다. 공부법을 익히면서 이런 증세를 스스로 인지했다.

'나는 왜 글자에만 집중했을까? 정작 책의 핵심은 놓치고 있었구나.'

문제를 정확히 인지하자 그런 습관이 조금씩 고쳐졌다. 글은 어릴 때 배웠지만, 그제야 읽는 방법을 터득한 것이다.

책은 전부 이해할 필요도 없고, 전부 기억할 필요도 없다. 쓸데

없는 완벽주의는 독서의 재미를 망치고 효율도 떨어뜨린다. 독서의 목적은 모든 글자를 읽기 위함이 아니라 작가의 생각을 알기 위함이다. 책에 있는 모든 글자는 작가의 생각을 전달하기 위한 장치다. 글자를 하나하나 기억하려고 하면 안 된다. 책을 쓴 작가도 모든 문장을 기억하지는 못한다.

따라서 문장 하나하나에 집착하기보다는 그것을 쓴 의도에 집중해야 한다. 혹은 내가 필요한 부분에 집중해야 한다. 책에서 정보를 효율적으로 습득하는 기술은 많이 알려져 있다. 그중 쓸모 있는 것들을 최대한 정리하여 이 책에 실었다. 뒤에서 살펴보자.

3. 문제를 풀기 위한 독해

특정 문제를 풀기 위해 글을 읽는 경우가 있다. 국어나 영어에서 이런 상황이 많다. 이때 독해의 목적은 문제에서 옳은 답을 고르는 것이다. 문제의 답을 고를 수 있으면 잘 읽은 것이고, 답을 고를 수 없으면 잘못 읽은 것이다. 풍부한 감정을 느꼈는지, 필요한 지식을 습득했는지, 열심히 생각하며 읽었는지는 중요하지 않다. 답을 고를 수 있는지만 중요하다. 이것은 가장 구체적인 목적을 가진 독해라고 할 수 있다.

예를 들어 다음 문제를 보자.

[24~27] 다음 글을 읽고 물음에 답하시오.

　미켈란젤로는 타원형의 ㉠캄피돌리오 광장을 설계하여 로마의 중심부에 새로운 공간을 만들었다. 광장 중앙에는 옛 로마 황제의 기마상이 놓여 있고 기마상 밑의 바닥에는 12개의 꼭짓점을 지닌 별 모양의 장식이 있다. 광장의 바닥은 기마상에서 뻗어 나온 선들이 교차하여 ⓐ만들어진 문양으로 잘게 나누어져 있다. 이러한 광장의 구성은 기하학적 도형들이 대칭적으로 조합되어 정제된 조형미를 표현하고 있다.

기마상

　광장의 타원형은 고대 그리스 신전에 놓여 있었던 신성한 돌인 옴팔로스의 형태를 본뜬 것이라 한다. 옴팔로스는 형태가 달걀형이고 그 표면은 여러 선들이 교차하여 만들어진 독특한 다각형 면으로 이루어져 있다. 옴팔로스는 '배꼽'을 ⓑ가리키는 말로 인체의 중심, 나아가 '세계의 중심'을 뜻한다. 광장의 전체적인 형태가 옴팔로스와 같은 타원형이고 광장 바닥의 다각형이 옴팔로스 표면의 다각형과 유사하다는 점에서 캄피돌리오 광장은 그 자체가 세계의 중심이라는 의미를 지닌다.

　캄피돌리오 광장은 원이 갖는 고유의 특성이 구현된 공간이기도 하다. 원은 중심과 둘레로 이루어져 있어 중심을 향하는 집중성과 둘레를 향하는 확산성이라는 두 가지 속성을 동시에 갖고 있다. 그런데 이 광장은 확산성이 아닌 집중성을 강조한 공간이다. 광장의 실제 경계는 타원이지만, 사람들이 광장의 어느 곳에 서 있든 시선은 가운데에 있는 기마상으로 집중하게 되므로 기마상을 광장의 중심으로 인식하게 된다. 광장의 가운

데에 배치된 기마상은 타원이 지닌 두 개의 초점을 ⓒ사라지게 하는 효과를 나타내어 광장을 하나의 중심을 가진 원형 공간처럼 변모시킨 것이다. 타원형의 광장이 집중성을 가진 공간으로 전환되면서 광장에는 중심과 주변이라는 위계가 생기게 된다. 위계의 정점은 기마상이다. 주변을 압도하는 세계 지배자의 기마상을 올려다보는 순간 그 위계감은 한층 더 고조된다.

이렇게 광장을 원형으로 새롭게 인식하면서, 광장의 기마상 아래 놓여 있는 별 장식에 주목하게 되면 광장의 확장된 의미를 읽어 낼 수 있다. 고대인들은 우주를 북극성을 중심으로 별이 회전하며 12개의 구역으로 ⓓ나누어진 원형의 공간으로 인식했다. 이런 인식은 캄피돌리오 광장에 계승되어 북극성은 기마상이 서 있는 별 장식으로, 하늘의 12개 구역은 별 장식의 꼭짓점 개수로 표현된 것이다. 이로써 로마 황제의 기마상은 우주의 중심에 ⓔ서게 된다.

26. 윗글의 ㉠과 <보기>의 ㉮에 대한 설명으로 적절하지 <u>않은</u> 것은?

───〈보 기〉───

뉴욕의 ㉮구겐하임 미술관의 외부는 위로 올라갈수록 넓어지는 원통형 모양을 하고 있으며, 건물의 내부는 가운데가 텅 비어 있고 둘레에 나선형 경사로가 있다. 관람객은 입구에서 엘리베이터로 최상층까지 올라간 뒤 경사로를 따라 내려오면서 작품을 감상하는데, 사람들의 시선은 자연스럽게 원통형 공간의 벽면에 전시된 작품으로 향하게 된다. 이것은 둘레를 향하는 원의 확산적 속성을 이용한 것으로 볼 수 있다. 경사로에서 바라보이는 원의 중심에 해당하는 원통형 공간은 비어 있으므로 중심을 향하는 위계감은 없다.

① ⑤은 ㉠와 달리, 보는 사람의 시선 방향이 중심을 향한다.
② ⑤은 ㉠와 달리, 원의 중심에서 형성되는 위계감이 강조된다.
③ ㉠는 ⑤과 달리, 원의 주변이 중앙 공간의 집중성을 강화한다.
④ ㉠는 ⑤과 달리, 원의 중심보다 둘레를 강조한 공간 구성을 보인다.
⑤ ⑤과 ㉠는 모두 원의 속성을 바탕으로 한 형상을 채택하였다.

(2014년도 수능 6월 모의평가)

많은 학생이 문제에 접근하는 순서는 다음과 같다. ① 윗글의 ⑤과 〈보기〉의 ㉠를 모두 이해하고, ② 둘을 비교하면서 각 선택지를 판단한다. 주어진 글을 충실히 이해하는 것에 초점을 둔다. 일단 글을 열심히 읽고, 문제를 풀면서 내 이해를 점검하는 방식이다. 그러나 조금만 생각해보면 다르게 접근할 수 있다.

① 윗글의 ⑤을 먼저 이해한다. 그리고 보기에서 그것과 일치하지 않는 선택지를 소거한다. ② 남은 선택지가 2개 이상이라면, 그때 〈보기〉의 ㉠를 이해하고 답을 고른다. 그런데 이 문제는 ⑤만으로도 정답을 고를 수 있다. 지문을 먼저 읽었다면 굳이 〈보기〉를 읽을 필요가 없다. 또한 ㉠ 내용만으로도 정답을 고를 수 있다. 〈보기〉를 먼저 읽었다면 지문의 ⑤을 모두 이해할 필요가 없다.

이것이 문제를 맞힐 수 있을 정도로만 글을 읽는 방식이다. 이런 생각은 전혀 발상적이거나 우연한 것이 아니다. 문제의 답을 고르는 데에 집중했다면 누구나 할 수 있다.

또 다른 예를 보자.

[A] 　데이터 이동권의 법제화로 기업은 데이터의 생성 비용과 거래 비용을 줄일 수 있다. 생성 비용은 기업 내에서 데이터를 개발할 때 발생하는 비용으로, 기업이 스스로 데이터를 수집할 때보다 전송받은 데이터를 복제 및 재사용하게 되면 절감할 수 있다. 거래 비용은 경제 주체 간 거래 시 발생하는 비용으로, 계약 체결이나 분쟁 해결 등의 과정에서 생긴다. 그런데 데이터 이동권의 법제화로, ㉮정보 주체가 지정하여 데이터를 전송받게 된 기업은 ㉯정보 주체의 데이터를 보유했던 기업으로부터 데이터를 받으면 비용을 절감할 수 있다. 이에 따라 기업 간 공유나 유통이 촉진되고, 관련 산업이 활성화된다.

[B] 　한편, 정보 주체가 보안의 신뢰성이 높고 데이터 제공에 따른 혜택이 많은 기업으로 데이터를 이동하면, 데이터가 집중되어 데이터의 공유나 유통이 위축될 수 있다는 우려도 있다. ㉰데이터 보유량이 적은 신규 기업은 기존 기업과 거래를 통해 데이터를 수집하는 것이 데이터 생성 비용 절감에도 효율적이다. 그런데 ㉱데이터가 집중된 기존 기업이 집적·처리된 데이터를 공유하려 하지 않으면, 신규 기업의 시장 진입이 어려워져 독점화가 강화될 수 있다.

5. [A], [B]의 입장에서 ㉮~㉱에 대해 이해한 내용으로 적절하지 않은 것은?

① [A]의 입장에서, ㉮는 데이터 이동권 도입을 통해 ㉯의 데이터를 재사용할 수 있게 되었으므로 데이터 생성 비용을 줄일 수 있다고 보겠군.

② [A]의 입장에서, 정보 주체가 데이터 이동을 요청하여 데이터를 전송받는 제3자가 ㉮라면, ㉯는 분쟁 없이 정보 주체의 데이터를

받게 되어 거래 비용을 줄일 수 있다고 보겠군.

③ [B]의 입장에서, ㉰가 ㉣와의 거래에 실패해 데이터를 수집하지 못하여 ㉰에 데이터 생성 비용이 발생하면, 데이터 관련 산업의 시장에 진입하기 어려워질 수 있다고 보겠군.

④ [A]와 달리 [B]의 입장에서, 정보 주체의 데이터가 ㉯에서 ㉣로 이동하여 집적·처리될수록 기업 간 공유나 유통이 위축될 수 있다고 보겠군.

⑤ [B]와 달리 [A]의 입장에서, ㉯는 ㉮로 데이터를 이동하여 경제적 이득을 취할 수 있으므로 데이터의 공유나 유통의 활성화에 기여할 수 있다고 보겠군.

(2024년도 수능 9월 모의평가)

이 문제도 지문의 [A]와 [B]를 모두 읽어야 풀 수 있는 것처럼 보인다. 그러나 사실 그렇지 않다. [A]만 읽어도 각 선택지에서 [A]에 대한 사실은 판단할 수 있다. 그것만으로도 답이 나온다면 [B]를 읽지 않아도 된다. 실제로 이 문제는 [A]만으로 답이 정해진다. [B]는 읽지 않아도 되는 것이다.

이런 상황이 누적되면 문제를 푸는 시간에 큰 차이가 생긴다. 목적을 명확히 알고 글을 읽는 사람은 문제 푸는 시간을 줄일 수 있다. 물론 주어진 글을 모두 읽어야 하는 경우도 많다. 그래도 전혀 상관없다. 순서를 바꿔 읽는다고 손해 보는 건 없다. 어차피 읽을 부분을 순서만 바꿨을 뿐이다. 오히려 구체적인 목적이 있으니 글을 입체적으로 읽을 수 있다.

이런 풀이법은 특수한 예시만 가져온 것처럼 보이기도 한다.

"저렇게 풀리는 문제만 가져온 거 아니야? 요즘엔 다 정독해야 한다던데?"

사실은 그렇지 않다. 많은 나라에서 전략적인 독해법을 배우는 걸 공부의 정석으로 여긴다. 가령 일본의 공부법 전문가인 우쓰데 마사미, 니시오카 잇세이 등도 그런 방법론을 제시한다.

이 책을 통해 독해에도 전략이 있음을 배워갔으면 한다. 모든 독해는 원리가 똑같다. 최근 출제된 수능이나 리트(LEET)도 마찬가지다.

4. 사고력을 높이기 위한 독해

요즘은 특히 문해력과 사고력이 강조된다. 생각하는 힘을 기르기 위해서는 책만큼 좋은 것이 없다. 다만 책을 아무렇게나 읽어선 안 된다. 사고력을 기르기 위해선 생각을 많이 해야 한다. 내가 좋아하는 부분만 읽어선 안 되고, 이해가 쉬운 부분만 읽어서도 안 된다.

감정을 느끼는 독해는 사고력을 기르지 못한다. 효율적으로 지식을 습득하는 독해도 사고력을 기르지 못한다. 능동적으로 고민하는 독해만이 사고력을 기를 수 있다. 어려운 문장을 고민해서 이해하는 경험을 쌓아야 한다. 글을 비판적으로 읽는 경험을 쌓아야 한다. 다른 분야의 지식과 연결 짓는 경험을 쌓아야 한다. 그런 능동적인 독해 경험이 모여서 사고력이 된다.

그렇다고 사고력을 위한 독해법을 모든 상황에 적용해서도 안 된다. 목적에 따라 적합한 독해법은 다르기 때문이다. 앞서 말했듯, 국어/영어 독해 시험에서 전략적 실수가 많이 발생한다. 사고력을 높이는 게 유일한 해법이라는 주장이 흔하기 때문이다.

이런 주장에는 문제를 풀 수 있을 정도로만 읽는다는 목적감각이 부족하다. 읽는 순서를 바꿔서 효율을 높인다는 순서감각도 부족하다. 오직 능동감각만을 강조한다. 이러한 극단성은 경계해야 한다. 모든 공부에선 목적/순서/능동감각이 균형을 이뤄야 한다. 한쪽으로 지나치게 치우치면 공부의 다른 중요한 측면을 놓치게 된다.

CHECK POINT

○	이 책을 읽는 목적은 무엇인가? 그 목적에 부합하게 읽고 있는가?
○	최근에 어떻게 글을 읽었는가? 그것은 독해의 목적에 부합했는가?

독해의 목적을 알면, 더욱 효율적으로 공부하는 데 도움이 된다.

한눈에 글의 구조를
파악하는 기술

수험생 시절 나는 글을 읽는 게 힘들었다. 열심히 읽어도 눈이 글자를 튕겨냈다. 국어 시험만 치면 머리가 하얘졌다. 그러나 졸업 후 몇 년간 많은 변화가 있었다. 지금은 글 읽기에 어려움이 없다. 읽기가 오히려 내 강점이 되었다.

　이제는 바쁜 와중에도 매일 책을 읽을 수 있다. 책으로 원하는 정보를 얻고, 뛰어난 인물의 생각을 통해 내 생각을 다듬는다. 방대한 양의 의대 공부도 남들보다 잘해냈다. 많은 정보를 빠르게 읽고 정리했기 때문이다. 어떻게 이런 변화가 생겼을까? 결정적인 계기는 단 하나의 깨달음이었다. 읽는 '순서'를 바꾼다는 깨달음이었다.

모든 책을 순서대로 읽을 필요는 없다

과거의 나는 어설픈 완벽주의자였다. 그런 성격이 글을 읽을 때도 반영되었다. 글을 완벽하게 읽고 싶었다. 한 단어라도 놓치면 큰일 난다고 생각했다. 그래서 앞에서부터 한 글자씩 짚어가며 읽었다. 책을 잘 읽는다는 건 모든 글자와 문장을 숙지하는 거라 생각했다.

이런 생각은 오히려 공부의 효율을 낮추고, 나를 힘들게 했다. 노력에 비해 남는 게 없어서 힘들었다. 이 모든 것은 알고 보니 순서 감각의 문제였다.

만약 백과사전을 정독하면 따분하고 이해도 안 될 것이다. 그런데 궁금한 내용을 찾을 때는 쭉쭉 읽힌다. 원하는 내용도 빨리 찾아진다. 교과서도 마찬가지다. 문제 풀 때 기억이 안 났거나 틀렸던 부분을 찾아서 읽으면 잘 읽힌다.

이 느낌을 깨달은 뒤에 글을 읽는 방식을 바꿨다. 모두 순서대로 이해하려는 태도를 버렸다. 이해할 수 있는 곳부터 읽거나 필요한 내용부터 읽었다. 읽는 순서를 적극적으로 바꿨다. 그러자 남 부럽지 않은 독해 속도를 갖게 되었다. 읽는 순서만 바꿔도 독해력이 높아진다는 것을 직접 체험했다. 그리고 이후 공부법을 연구하면서 이론적인 이유도 알게 되었다.

독해는 '책에 적힌 지식'을 '내 머릿속 지식'과 연결하는 작업이다. 두 가지가 쉽게 연결되는 책은 쉽게 읽힌다. 그건 내가 관련 배경지식을 풍부하게 가지고 있다는 뜻이다. 반면 이 연결이 힘들 때도 있다. 머릿속에 관련 지식이 적을 때 그렇다. 과거에 배운 적 있는 지식이나 생각해본 적 있는 논리는 쉽게 이해된다. 반면 낯선 지식이나 논리는 어렵게 느껴진다. 그래서 사람마다 쉽게 이해되는 문장이 다를 수밖에 없다.

A→B→C→D 순서로 설명하는 책을 상상해보자. 나는 A를 읽기가 힘들다. A와 연결될 배경지식이 없기 때문이다. 이때 꾸역꾸역 A만 고민하면 독해에 진전이 없다. 대신 나는 B를 쉽게 읽을 수 있다. 평소 궁금했던 내용이기 때문이다. 이때는 B부터 읽으면 한결 독해가 쉬워진다.

반면 누군가는 C부터 읽었을 때 이해가 쉬울 수도 있다. 이해되는 내용부터 읽다 보면 나머지 내용도 이해된다. 책을 읽으면서 배경지식이 생겼기 때문이다. 이제 B/C/D에서 읽은 내용을 A와 연결할 수 있다. 처음엔 어려웠던 A가 비교적 쉽게 읽힌다.

그래서 책에 적힌 순서가 모두에게 효율적인 순서는 아니다. 나에게는 B→C→D→A가 효율적이고, 누군가에게는 C→D→B→A가 효율적일 수도 있다. 사람마다 효율적인 순서가 다르다.

또한 책은 지식을 일렬로 펼쳐놓는다. 순차적이고 방향성이 있다. 논리적으로 생각을 기록하기 때문이다. 그러나 우리 머릿속은 그렇지 않다. 머릿속의 지식은 예쁘게 한 줄로 나열되어 있지 않다. 머릿속에서 지식은 입체적이다. 특정한 방향성이 없고, 순차적이지도 않다.

그래서 책의 순서를 그대로 머리에 저장하는 건 불가능하다. 책에서 제시한 논리의 순서에 집착할 필요가 없다. 지식을 습득할 때는 군데군데 점을 찍는 방식으로 읽어도 된다. 나중에 스스로 고민하며 그 점들을 연결하면 된다.

그렇게 나만의 지식 체계가 만들어진다. 책을 꼼꼼히 읽는다고 저자의 머릿속이 나에게 이식되는 것은 아니다. 머릿속은 3차원이고, 책은 2차원이기 때문이다.

그런데 많은 사람이 읽는 순서를 바꾸지 못한다. 지금까지의 관성 때문이다. 늘 책은 앞에서부터 순서대로 읽어왔기 때문이다. 갑자기 다른 방식으로 읽으려니 마음에 걸리는 게 많다. '책을 이 순서대로 쓴 이유가 있겠지', '저자가 쓴 순서대로 읽어야 그의 생각을 따라갈 수 있을 거야'라고 생각한다.

그러나 그건 잘못된 생각이다. 책의 순서는 지식의 체계를 위함이지, 독자의 편의를 위함이 아니다. 독자는 목적에 맞게 스스로 순서를 조정해서 읽어야 한다.

나의 독해를 저자에게 맡기지 말자. 내가 주체적으로 이끌어가야 한다. 이런 접근법이 낯설 수 있다. '내가 그렇게 해도 될까?' 하고 걱정도 된다. 아마도 책을 지나치게 숭배하는 경향 때문일 것이다. 많은 사람이 책을 너무 신성시하고 어렵게 여긴다. 독해의 많은 어려움이 여기에서 비롯된다. 한 글자라도 놓치면 안 될 것 같고, 한 단락 혹은 한 챕터를 통째로 넘기는 것은 상상도 못 한다.

책을 좀 더 친밀하고 쉽게 생각할 필요가 있다. 책은 내 목적을 달성하기 위한 종이에 불과하고, 필요한 걸 얻었다면 버려도 된다.

오히려 책을 조금은 얕봐야 효과적으로 읽을 수 있다.

정리하자면, 모든 문장을 순서대로 꼼꼼히 읽는 것은 좋은 방법이 아니다. 그렇다면 글을 어떤 순서로 읽어야 좋을까? 먼저 읽었을 때 유리한 부분은 어디일까? 그 구체적인 방법론은 이 책에서 모두 말할 수 없을 정도로 다양한데, 대표적으로 두 가지를 소개하고자 한다. 첫째는 목차를 읽는 것이고, 둘째는 쉬운 문장이나 중심 문장을 읽는 것이다. 하나씩 배워보자.

목차를 먼저 봐야 하는 이유

몇 년 전에 처음으로 뮤지컬을 봤다. 많은 기대를 품고 갔지만 이해하기가 힘들었다. 대화가 노래로 이루어져서 알아듣기 힘들었다. 대화를 놓치니 각각의 장면을 이해하지 못했다. 결국 전체 내용을 이해하지 못하고 끝났다. 그리고 다음에 뮤지컬을 보러 갈 기회가 또 생겼는데, 그때 이런 조언을 들었다.

"뮤지컬 보기 전에 줄거리를 보고 가면 좋아."

처음엔 줄거리를 미리 본다는 게 꺼림칙했다. 그러나 지난번 생각이 떠올랐다.

'줄거리를 대충이라도 보면 이해하기 쉽지 않을까?'

그래서 한 문단 정도로 짧게 요약된 줄거리를 보고 갔다. 그런데 그 짧은 글이 놀라울 정도로 도움이 되었다. 잠깐 흐름을 놓쳐도 '줄거리 상에서 이 정도 이야기겠지?'라고 추측할 수 있었다. '맥락상 이런 대화겠지'라고 생각하면 안 들리던 대화도 들렸다. 줄거리는 이미 파악하고 있으니, 각 장면의 아름다움에 집중할 수 있었다. 결과적으로 훌륭한 뮤지컬 감상이 되었다. 그때 '맥락'의 위력을 체감했다.

책에서 목차를 먼저 보는 이유도 이와 같다. 책의 큰 흐름을 먼저 보기 위함이다. **목차는 뮤지컬의 줄거리 같은 역할을 한다.** 목차의 흐름을 이해하면 그것이 곧 책의 전체 줄거리다. 줄거리를 알면 독해가 쉬워진다. 전체 흐름 중 어디쯤 읽고 있는지 알 수 있다. 이해가 어려운 내용도 '맥락상 이런 의미겠다' 하고 추론이 된다. 책을 읽다가 길을 잃으면 항상 목차가 바로잡아준다.

강의를 들을 때도 똑같다. 나는 유튜브 영상에서 꼭 이런 말을 덧붙인다.

"암기할 때 주의점 3가지를 말씀드릴게요."

"집중력을 높이는 7가지 방법을 소개할게요."

내가 말할 내용의 구조를 보여주는 것이다. 그러면 듣는 사람이 흐름을 따라가기 쉽다.

'지금 3개 중에 두 번째를 하고 있구나. 뒤에 하나가 더 있겠네.'

'어, 왜 2개밖에 못 들었지. 내가 하나 빠트렸나 보다.'

이렇게 전체 흐름과 세부 내용을 비교하면서 들을 수 있다.

또한 목차는 지식을 분류하는 서랍의 역할도 한다. 적당한 분류 없이 책을 계속 읽으면 어질러진 책상처럼 된다. 필요한 물건이 어던가에 있는데, 찾아서 쓸 수가 없는 상황이다. 언젠가 보긴 했는데 어디서 봤는지를 모른다. 그런 지식은 없는 것이나 마찬가지다.

공부한 내용은 항상 분류하고 정리해야 한다. 다만 새로운 지식을 직접 분류하는 건 쉽지 않다. 내가 모든 걸 분류하려면 상당한 지식이 쌓여 있어야 한다. 그래야 통찰력을 가지고 분류할 수 있다. 다행히도 책에선 지식을 분류하는 기준을 알려준다. 그게 바로 목차다. 목차를 잘 읽으면 내가 지식을 분류하지 않아도 된다.

이 책을 읽을 때도 똑같다. 목차만 봐도 많은 걸 알 수 있다.

'이 책의 2부는 총 5장으로 되어 있네. 처음에 공부법의 원리 3가지를 설명하네. 그 원리로 독해법과 암기법도 설명하는구나. 마지막엔 교재/기출 정리법을 설명하네.'

이렇게 공부법의 틀을 이해할 수 있다. 이 책의 목차만 잘 읽어도 굳이 공부법을 분류할 필요가 없다. 내가 다 분류해놓았기 때문이다. 당신은 책을 읽으면서 공부법 기술을 하나씩 머릿속 서랍에 채워 넣으면 된다.

요컨대, 목차를 먼저 보는 이유는 크게 두 가지다. 전체 맥락을 파악하고, 지식을 분류할 범주를 만드는 것이다. 그러면 본문을 읽기가 쉬워진다. 맥락에 따라 이해하고, 범주에 따라 분류하면 된다.

큰 그림을 알면 지식을 장악해가는 느낌이 든다. 독해력이 낮은 사람은 나무를 보느라 숲을 놓친다. 내 마음에 와닿았던 문장 몇 개만 생각난다. 그것은 목적에 맞는 독해가 아니다. 목차만 잘 읽어도 이런 문제가 해결된다.

목차를 독해에 이용하는 방법

이런 독서법은 수능 출제기관에서도 언급했다. 몇 년 전부터 한국 교육과정평가원에선 '독해법'에 관한 지문을 출제한다. 학생들에게 올바른 독해법을 알려주기 위함일 것이다. 평가원에서 얘기하는 독해법은 어떤 내용일지 눈여겨보자. 그들은 순서감각에 대해 어떻게 생각할까?

책의 제목을 처음 접했을 때는, 이 책이 유럽만을 대상으로 삼고 있을 거라고 생각했다. 하지만 <u>책의 본문을 읽기 전에 목차를 살펴보니, 총 28장으로 구성된 이 책이 유럽 외의 지역도 포함하고 있음을 알 수 있었다.</u> 1~7장에서는 아메리카, 이집트, 중국 등의 미술도 설명하고 있었고, 8~28장에서는 6세기 이후 유럽 미술에서부터 20세기 미국의 실험적 미술까지 다루고 있었다. 이처럼 책이 다룬 내용이 방대하기 때문에, 이전부터 <u>관심을 두고 있었던 유럽의 르네상스에 대한 부분을 먼저 읽은 후 나머지 부분을 읽는 방식으로 이 책을 읽어 나갔다.</u>

(2022년도 수능 9월 모의평가)

독자가 궁금했던 부분은 유럽이었다. 그런데 목차를 보니 1~7장은 유럽에 관한 내용이 아니었다. 보통의 학생은 '그래도 순서대로 읽어야겠지'라며 처음부터 꾸역꾸역 읽는다. 관심 없는 내용을 읽으니 흥미가 떨어진다. 결국 궁금했던 유럽 부분은 제대로 읽어보지 못하고 책을 덮게 되기도 한다.

그러나 여기선 뒷부분을 먼저 읽는 독해법을 제시했다. 궁금했던 부분을 먼저 읽는 순서감각이다. 호기심을 가지고 읽으니 쉽고 빠르게 읽을 수 있다. 읽다 보면 자연스레 다른 지역에도 궁금증이 생길 수 있다. 그때 앞부분도 찾아서 읽으면 된다.

궁금증을 따라가며 읽다 보면, 계속해서 책을 재미있게 읽을 수 있다. 지나치게 의지력을 소모할 필요도 없다. 미리 책의 구조부터 파악했기에 가능한 방식이다. 목차를 보지 않았다면 '유럽 내용은 도대체 언제 나오는 거지?'라고 생각했을 것이다.

이렇듯 책의 목차를 통해 향후 독해의 방향을 정할 수 있다. 이건 특히 두꺼운 책을 읽을 때 유용한 전략이다. 읽기의 부담감을 줄여주기 때문이다.

두꺼운 책에 적용하는 예시를 살펴보자. 로버트 그린의 《인간 본성의 법칙》이라는 책이다. 이 책의 분량은 920쪽에 육박한다. 1쪽부터 꼼꼼히 읽는다면 완독하기도 힘들다. 순서감각을 활용하면 쉽게 읽을 수 있을까? 온라인 서점 등을 통해 목차를 살피면서 전략을 세워보자.

이 책은 총 18챕터로 구성된다. 각 챕터는 하나의 '인간 본성'을 다룬다. 그래서 총 18개의 인간 본성을 다룬다. 이렇게 책의 전체적인 줄기를 잡았다. 단순한 병렬적 구조라서 쉽게 파악했다.

이제 각 챕터의 구성이 어떤지도 살펴보자. 큰 목차를 봤던 대로

'하위목차'를 살펴보면 된다. 그런데 하위목차만 봐선 구성이 이해되지 않는다. 그래서 직접 페이지를 직접 넘기며 목차 사이사이의 본문을 살펴봤다. 상위목차만으로 이해가 안 될 때는 하위 내용까지 보면 된다.

그 결과 각 챕터가 세 부분으로 나뉜다는 걸 알 수 있었다.

① 실제 사례를 소개

② 그 사례에서 알 수 있는 인간 본성을 설명

③ 그 본성을 활용하는 처세술을 제시

다른 모든 챕터의 구성도 비슷할 것이다.

이제 18개의 챕터를 하나씩 분석하지 않아도 알 수 있다. 병렬적인 구조의 책은 대체로 각 챕터의 구성이 비슷하다. 그래서 몇 챕터만 훑어봐도 전체의 일관된 형식이 보인다. 이렇듯 글의 구조에 관한 배경지식이 있으면 독해에 유리하다. 목차의 세부구조가 대부분 유사하다는 걸 알면 더 쉽다.

이제 독해의 방향성을 정할 수 있다. 다시 글을 읽는 '목적'을 생각하자. 같은 책이라도 사람마다 책을 읽는 목적이 다를 수 있다. 나는 '인간의 본성'이 궁금해서 이 책을 읽었다. 옛날 사람들의 이야기나 처세술에는 딱히 관심이 없었다.

그래서 각 챕터에서 인간 본성을 설명하는 부분을 찾아서 읽었다. 나머지 부분은 내 목적과 관계가 없으므로, 빠르게 훑으면서 궁금한 내용만 읽었다.

목차를 살피며 어떻게 읽을지 계획을 세우는 데 10분 정도 걸렸다. 짧은 시간이지만 책의 전체적인 흐름을 잡았고, 앞으로의 방향성까지 정했다. 무턱대고 앞에서부터 꼼꼼히 읽었다면 완독하지도 못했을 것이다. 920쪽 분량의 완독에는 엄청난 인내력이 필요하다. 그러나 읽는 순서만 바꿔도 힘들이지 않고 목적을 달성할 수 있다. 뒤에서 배울 다른 방법들까지 적용하면 더 쉬워진다.

지금까지 본문을 읽기 전에 목차부터 보는 독서법을 배웠다. 그러나 사실 목차는 독서 전에만 중요한 게 아니다. 본격적으로 본문을 읽을 때도 목차를 참고해야 한다.

목차는 지금 내가 무엇에 관한 내용을 읽고 있는지 틈틈이 상기시켜준다. 또 목차를 참고하면 지엽적인 부분으로 빠져드는 실수를 막을 수 있다. 목차가 독서의 중심을 잡아주는 역할을 하는 것이다.

독서를 마친 후에도 목차가 유용하다. 목차를 보면 이 책에서 무엇을 읽었는지 빠르게 회상할 수 있다. 기억나지 않으면 해당 페이지로 돌아가서 읽을 수 있다. 독서 이후의 복습에도 목차가 중요한 역할을 한다.

다시 말해, 본문을 읽기 전에도 목차를 보고, 읽는 중에도 목차를 보고, 다 읽은 뒤에도 목차를 본다. 목차를 잘 보는 것만으로도 독서의 능률이 올라간다.

CHECK POINT

◯	지금 공부하고 있는 책이 있다면, 그 책을 읽는 목적은 무엇인가?
◯	목차를 통해 책의 흐름을 파악해보라.
◯	어떤 순서로 글을 읽을지 계획하라. 그리고 그 순서대로 읽어보라.

목차를 먼저 파악하면 독해의 방향이 보인다.

순서를
바꿔서 읽어야 할 때

의대 본과 시절, 한 교수님의 조언이 나의 공부법을 바꿨다.

"한글 자료로 지식을 빨리 습득한 후에 영문 자료를 보세요. 그리고 요약된 자료를 공부한 후에 교과서를 보세요. 무작정 교과서를 읽는다고 다 알게 되는 것이 아닙니다. 아는 것이 중요하므로 습득력이 좋은 자료를 먼저 공부하는 편이 좋습니다."

공부에서 왜 순서가 중요한지 핵심을 관통하는 조언이었다.

원문 자료를 보지 말라거나, 교과서를 보지 말라는 것이 아니다. 깊이 있는 지식을 위해선 그런 자료도 봐야 한다. 다만 쉬운 자료를 먼저 보라는 것이다. 내가 이해하기 쉬운 것부터 조금씩 알아나가는 게 효율적이기 때문이다. 이는 의학 공부에만 적용되는 얘기가 아니다. 평소에 책을 읽을 때도 마찬가지다.

이해되는 부분부터 빠르게 확인한다

어려운 부분을 억지로 읽는다고 알게 되는 게 아니다. 처음엔 쉽게 읽히는 부분을 먼저 읽어서 지식의 바탕을 만드는 게 효율적이다. 처음 책을 읽을 땐 저자와 나의 눈높이가 다르다. 그렇기에 저자의 모든 사고 과정을 온전히 따라갈 수 없다. 나는 내 배경지식의 수준으로만 생각할 수 있다.

따라서 우선 이해되는 부분부터 읽으면서 배경지식을 끌어올려야 한다. 그러다 보면 나머지 부분도 읽을 수 있게 되고, 결국 책의 전체를 이해할 수 있게 된다. 출발은 달랐어도, 결국 저자와 같이 생각할 수 있게 되는 것이다.

"이해할 수 있는 내용이 어디인지 어떻게 알죠?"라고 반문할 수도 있겠다. 그럴 땐 빠르게 읽으면서 어려운 내용은 다 넘기면 된다. 그러면 이해할 수 있는 내용만 읽게 된다. 낯설거나 어려운 책을 읽을 때는 오히려 고민하지 말고 빠르게 읽는 게 좋다.

애초에 내가 아는 내용만 처음부터 이해된다. 모르는 내용은 읽어도 바로 이해되지 않는다. 책과 내 배경지식 사이의 간격이 넓기 때문이다.

그런 부분은 과감히 넘겨도 된다. 지금은 배경지식이 없어서 어렵지만, 뒷부분까지 읽고 나면 이해할 수 있을 것이다. 어려운 내용을 바로 넘기면 무의미하게 고민하는 시간이 줄어든다. 쉽게 이해되는 내용만 빠르게 뽑아 먹을 수 있다. 그런 정보만 먼저 읽어서 흐름을 파악하고 배경지식을 쌓아야 한다.

물론 이해하지 못한 부분을 넘기는 것이 찝찝할 수 있다. 찝찝함 때문에 어려운 부분도 억지로 이해하려고 한다. 그러나 그렇게 해봤자 생각이 제자리를 맴돌 뿐이다. 겨우 이해했다고 생각해도 잘못 이해했을 가능성이 높다.

그래서 어려운 책은 여러 번 읽어야 한다. 그러나 정독으로 여러 번 읽어야만 이해되는 게 아니다. 빠르게 여러 번 읽어도 이런 효과를 얻을 수 있다. 이해되는 부분만 골라서 읽다 보면, 어느새 힘들이지 않고 책 전체를 읽게 된다. 그러면 독서가 훨씬 재밌어진다. 책을 꼭 한 번에 읽어야 한다는 생각에서 벗어나면 누구나 할 수 있다.

교수님의 조언은 이런 의미를 담고 있다. 이해되는 부분부터 읽으라는 것은, 어려운 부분은 나중에 읽으라는 말과 같다. 이해하는 습관을 버리라거나 깊게 고민하지 말라는 것이 아니다. 나에게 도움이 되는 순서로 읽으라는 조언이다. 이는 하나의 글에서만 적용되는 방법이 아니다. 어려운 글을 이해하기 위해 다른 쉬운 글을 찾아 읽을 수도 있다. 의과대학 시험을 공부할 때 이런 공부법의 효과를 톡톡히 본 기억이 있다.

쉬운 자료를 먼저 숙지할 것

의과대학에선 수업을 제대로 이해하는 학생이 20%도 안 될 것이다. 나 또한 수업을 거의 이해한 적이 없었다. 집중력을 높이는 여러 방법을 써도 소용없었다. 집에 가서 찬찬히 자료를 훑어보면 그제야 대충 이해됐다. 수업 시간은 거의 버리는 시간이었다. 그래서 다른 방식을 찾아야 했다. 수업 시간을 멍하게 보내는 건 너무 비효율적이었기 때문이다.

'어떻게 하면 수업을 알아들을 수 있을까?'

마침내 효과적인 순서를 발견했다. 쉬운 자료를 먼저 보는 것이다. 수업이 어려운 건 교수님과 나의 배경지식 차이가 크기 때문이다. 그러므로 교수님 말을 알아들을 정도의 배경지식을 먼저 만들어야 했다. 그래서 수업 전에 기초적인 자료를 예습했다.

예를 들어, 그날 배울 주제를 미리 유튜브에서 찾아봤다. 짧고 쉽게 설명한 영상으로 공부했다. 혹은 옛날 기출문제를 펼쳐서 문제와 답만 확인했다. 교수님이 어떤 내용을 중요하게 생각하는지 알 수 있었다. 이런 과정은 30분도 걸리지 않는다. 그러나 이것만 해도 수업이 한결 편해졌다.

이건 의과대학 공부의 예시지만 모든 공부에 똑같이 적용된다. 특히 전공 공부가 힘든 학생에게 꼭 필요한 조언이다. 두꺼운 교과서를 이해하는 방법은 교과서를 여러 번 읽는 게 아니다. 교과서를 읽을 수 있는 상태로 만드는 게 우선이다. 다른 쉬운 자료로 먼저 학습하는 게 낫다.

어려운 철학책을 한번 읽어보고 싶은가? 그러나 아무 기초가 없는 상태로는 이해하기 힘들다. 한 페이지를 한 시간 동안 붙들고 고민해도 이해가 안 된다. 미궁으로 빠지는 기분이 들 뿐이고, 책에 대한 중압감만 커진다.

난해한 고전을 읽기에 앞서 유튜브에서 간단한 관련 영상을 찾아보자. 10분 정도로 쉽게 떠먹여 주는 영상도 많다. 그런 영상을 몇 개 보면 대략적인 흐름을 알게 된다. 맥락을 알면 독해가 한결 쉬워진다. 아니면 청소년을 위한 쉬운 책을 먼저 보는 것도 좋다.

쉬운 책은 그냥 읽으면 된다. 그냥 읽어도 구조가 보이고, 중심 내용이 이해되고, 주제를 알 수 있다. 그러나 모든 배움이 이렇게 순탄하지는 않다. 무턱대고 공부하면 분명히 벽에 막힐 때가 있다. 그때는 쉬운 부분을 먼저 보거나 이해에 도움을 주는 자료를 찾아보면 좋다. 그렇게 순서만 바꿔도 공부가 가벼워진다. 공부 순서를 어떻게 설계하는지에 따라 효율이 달라진다.

저자의 요약에 핵심 내용이 있다

우리가 독해를 하는 목적은 지식을 얻는 것이지, 모든 글자를 기억하는 게 아니다. 저자의 핵심 생각을 배우는 게 중요하다. 그러므로 모든 글자에 똑같은 에너지를 들이는 것은 비효율적이다. 대신 중요한 내용에 집중적으로 에너지를 쏟아야 한다.

책에는 수많은 문장이 있다. 그 모든 문장은 따로 존재하지 않는다. 모두 연결되어 있고 일정한 지점을 가리킨다. 그게 저자의 핵심 생각이다. 그리고 핵심 생각을 가장 잘 대변하는 문장이 있다. 그것을 '중심 문장'이라고 부른다. 중심 문장을 먼저 읽을 수 있다면 가장 효율적인 독해가 아닐까?

물론 중심 문장이 "내가 중심 문장이요" 하고 손을 들고 있지는 않다. 그러나 주변의 여러 정황이 중심 문장을 알려준다. 간접적으로 중심 내용을 찾을 수 있다. 글을 빠르게 읽어야 하는 시험에선 이런 능력이 핵심이다. 특히 영어 독해 문제는 중심 문장만 찾아도 답이 나올 때가 많다. 그래서 과거부터 많은 기법이 제시되었다.

예를 들어, 처음과 끝 부근에 집중하는 방법이 있다. 또는 역접사(그러나, 하지만) 뒷부분에 집중하는 방법이 있다. 이런 것도 글의 일반적인 구성을 생각하면 유의미한 기법이다. 그러나 이런 단편적인 기술만 알면 한계가 있다. 이 책에선 보편적으로 활용할 수 있는 원리를 중점적으로 다루겠다.

가장 쉬운 방법은 '저자의 요약'을 찾는 것이다. 꽤 많은 책에서 단원마다 요약(summary)을 제공한다. 아니면 책 중간중간에 정리해주는 말을 넣기도 한다. 혹은 서문에서 책 전체의 흐름을 요약해주기도 한다.

이런 부분을 찾으면 중심 문장을 먼저 읽는 것과 같다. 저자의 요약은 책의 핵심 생각을 담고 있을 것이다. 물론 그것만 본다고

100% 이해되지는 않는다. 그러나 독해의 방향성을 잡아준다. 핵심을 알고 본문을 보면 강약 조절이 된다. 중요한 부분은 집중해서 읽고, 주제와 거리가 먼 내용은 슬쩍 확인만 하면 된다.

예를 들어 《로지컬 씽킹》이라는 책에선 초반에 책의 전체 흐름을 소개한다. 각 장에서 어떤 내용을 다루는지 언급한다. 이것만 읽어도 책의 핵심적인 개념이 뭔지 알게 된다.

독자들이 이 책을 읽는 목적은 커뮤니케이션 기술을 익히기 위해서다. 더 구체적으로는 'MECE(이야기의 중복, 누락, 혼재를 없애는 기술)', 'So What?/Why So?(이야기의 비약을 없애는 기술)' 그리고 '병렬형 논리/해설형 논리'라는 개념을 익히는 것이다.

그러므로 해당 개념을 설명하는 페이지를 먼저 읽으면 효과적이다. 개념의 정의를 읽었는데 이해가 안 될 수도 있다. 그러면 관련 예시를 찾아서 읽으면 된다. 이렇듯, 목적이 분명하면 독서가 주체적으로 진행된다. 수동적으로 서술을 따라갈 때보다 쉽고 재미있다.

이런 관점은 독해 문제의 풀이에도 사용할 수 있다. 다음은 2024년도 수능 모의평가 비문학 문제다. 보통은 지문을 다 정독한 뒤에 문제를 살핀다. 그러나 지문을 읽기 전에 12번 문제를 먼저 보면 좋다. 이는 출제자가 지문을 요약한 내용이기 때문이다. 지문 전체를 단 한 문단으로 줄여줬다. 이런 귀중한 요약을 놓치지 말아야 한다.

12. 다음은 윗글을 읽은 학생이 정리한 내용이다. ㉮와 ㉯에 들어갈 말로 가장 적절한 것은?

(가)는 기능주의를 소개한 후 ┌ ㉮ ┐은/는 같지 않다는 설(Searle)의 비판을 제시하고 있다. 그리고 인지 과정이 몸 바깥으로까지 확장된다고 주장하는 확장 인지 이론을 설명하고 있다. (나)는 인지 중에서도 감각 기관을 통한 인지, 즉 지각을 주제로 하고 있다. (나)는 지각에 대한 객관주의 철학의 입장을 비판하고, ┌ ㉯ ┐으로서의 지각을 주장하고 있다.

	㉮	㉯
①	의식과 함수적 역할	내 몸의 체험
②	의식과 함수적 역할	물질적 반응
③	의식과 뇌의 상태	의식의 판단
④	의식과 뇌의 상태	내 몸의 체험
⑤	입력과 출력	의식의 판단

(2024년도 수능 6월 모의평가)

물론 빈칸이 뚫려 있긴 하다. 그러나 지문에서 쉽게 찾을 수 있다. ㉮는 설(Searle)에 대한 비판이고, ㉯는 '지각'에 대한 글쓴이의 주장이다. 지문에서 해당 내용을 찾는 건 어렵지 않다. 그리고 이 문제를 풀면 지문 전체의 흐름까지 파악된다. 지문의 나머지 부분을 읽는 게 수월해진다.

이렇듯 독해 시험에서도 저자의 요약을 이용할 수 있다. 문제로 주어질 때도 있고, 지문 내에서 요약할 때도 있다. **요약을 이용하는**

사람과 그냥 넘기는 사람은 독해의 효율이 다를 수밖에 없다.

제목, 표지, 주요 키워드에 핵심이 있다

핵심을 먼저 찾는 다른 방법도 많다. 저자가 요약해주지 않아도 중심 내용을 찾을 수 있다. 그건 바로 중심 내용을 암시하는 힌트를 이용하는 것이다. 대표적으로 글의 제목을 활용할 수 있다. 제목은 중심 내용을 암시한다.

예를 들어, 글의 제목이 '멀티태스킹은 가능한가?'라고 해보자. 중심 내용은 당연히 멀티태스킹의 가능 여부일 것이다. 저자가 멀티태스킹에 대해 뭐라고 말하는지 찾으면 된다. "그러므로 멀티태스킹은 불가능하다", "통념과 달리 멀티태스킹은 가능하다" 등의 문장이 분명히 있을 것이다. 글을 훑어서 이런 문장을 찾는 것은 어렵지 않다.

글 전체를 이해하지 않아도 된다. 우리 눈은 원하는 대상을 빠르게 잡아내는 능력을 가지고 있다. 사전에서 필요한 부분을 찾아본 적이 있는가? 사전의 모든 문장을 이해하지 않아도 필요한 내용을 찾을 수 있다. '무엇을 찾을 것인지' 목적만 명확히다면 분녕히 찾을 수 있다.

목차가 있는 책은 모두 이렇게 읽을 수 있다. 각 챕터의 제목은 그 글의 내용을 요약한다. 가령 '한국의 음식'이라는 책에서 '떡볶이'라는 챕터를 읽는다고 생각해보자. 그중 '떡볶이가 매운 이유'라는 챕터를 읽을 것이다. 제목을 보니 중심 내용이 예측된다. 떡볶이가 왜 매운지 그 이유를 찾으면 된다. 글의 나머지 부분은 부연 설명이다. 부연 설명은 중심 내용을 뒷받침할 뿐이다. 중심 내용을 먼저 읽은 뒤에, 필요한 부분만 골라 읽어도 된다.

제목이나 목차 외에도 여러 힌트가 있다. 니시오카 잇세이는 《기적의 독서법》에서 하나의 방법을 소개한다. 그는 '책의 표지'가 중요한 힌트라고 강조한다. 표지에 적힌 문구는 본문의 핵심을 압축한 것이다.

그래서 독자는 표지를 통해 책의 주제를 추론할 수 있다. 표지문구는 저자가 하고 싶은 말이 뭔지, 어떤 내용에 집중해야 할지 알려준다. 그 외에 띠지, 추천사, 저자의 약력 등도 비슷한 도움을 준다.

글의 소재도 힌트가 될 수 있다. 글의 소재를 알아내는 법 중 하나는 반복되는 단어를 찾는 것이다. 글에서 자주 나오는 단어가 중심 소재일 가능성이 높다. 평가원에서도 이런 독해법을 제시한 적이 있다.

이렇듯 본문 자체보다 주변의 힌트에 집중하면 효율적으로 독해할 수 있다. 예를 들어, 이 책의 2부에는 챕터마다 체크포인트가 있다. 그것 또한 훌륭한 힌트가 된다. 중심 내용을 추론하는 데 이를 이용할 수 있다. 과제에서 어떤 행동을 지시한다면, 그게 중요한 공부법이기 때문이다.

따라서 독자는 체크포인트부터 읽어서 핵심 공부법을 추론할 수 있다. 이처럼 시야를 넓히면 힌트는 어디에나 있다.

물론 힌트를 통한 추론은 언제나 틀릴 가능성이 있다. 사람들은 틀릴 수도 있다는 생각에 추론을 두려워한다. 그러나 잘못된 추론이라도 의미가 있다. 오히려 추론을 수정하면서 더 능동적으로 읽을 수 있기 때문이다. 문제를 한번 틀려보면 더 잘 기억나는 것과 비슷한 원리다.

독해법에 관한 평가원의 또 다른 지문을 보자.

<독서의 새로운 공간>이라는 글을 읽으며 우선 글 전체에서 ⓐ중요하다고 생각하는 단어만 확인하는 읽기를 했다. 이를 통해 '도서관'에 대한 내용이라는 것을 확인하고 ⓑ글의 진행 방향에 따라 읽어 나갔다. '장서'의 의미를 알 수 없어서 ⓒ앞에 읽었던 부분으로 돌아가서 다시 읽고 나니 문맥을 통해 '도서관에 소장된 책'이라는 의미임을 알게 되었다. 이후 도서관의 등장과 역할 변화가 글의 주제라는 것을 파악하고서 ⓓ그와 관련된 단어들에 집중하며 읽어 나갔다. '파피루스를 대신하여 양피지가 사용되었다.'라는 문장을 읽을 때 ⓔ'대신하여'와 달리 '파피루스'와 '양피지'처럼 생소한 단어는 하나씩 확인하며 읽었다.

(2023년도 수능 9월 모의평가)

'중요하다고 생각하는' 단어만 확인해서 주제를 확인했다. 무엇을 중요하다고 생각했는지는 말해주지 않았다. 제목에 있는 '독서'와 관련된 단어를 확인했거나 자주 나오는 단어를 확인했을 것이다. 주제를 확인한 뒤에는 관련된 단어에 집중하며 읽었다.

모든 단어를 꾹꾹 정독하는 습관이 있다면 이런 방식이 낯설게 느껴질 수 있다. 과거엔 이런 독해법을 '야매', '꼼수'라고 비하하는 사람도 있었다. 그러나 교육과정 평가원에서 제시한 독해법을 그렇게 말할 순 없을 것이다.

이런 독해법은 객관식 시험을 풀 때도 활용도가 높다. 어느 시험이건 쉬운 문제를 빠르고 정확하게 맞히는 게 중요하다. 시험은 '아는지 모르는지'보다 '시간 내에 풀 수 있는지'를 평가한다. 쉬운 문제를 빠르게 해결해야 변별력 문제를 풀 시간도 확보된다.

그러나 마음을 급하게 먹으라는 건 아니다. 조급한 마음이 아니라 관점의 전환이 필요하다. 한 글자씩 빨리 읽는 게 아니라, 능동적으로 힌트를 잡아내고 추론해야 한다. 객관식 시험에서는 주로 선택지가 힌트가 된다. 발문을 읽기 전에 선택지를 먼저 보면 방향성을 잡을 수 있다. '이걸 묻는 문제구나'라고 추론이 된다. 그러면 제시문을 효율적으로 읽을 수 있다. 다음 예시를 보자.

A와 관련이 있는 사람으로 가장 적절한 것은?

〈자료〉

A는 영국 잉글랜드 그레이터맨체스터주의 트래포드를 연고로 하는 프로축구 클럽. 뉴턴 히스 LY F.C란 이름으로 창설되었다. 1902년 4월 26일 지금의 이름인 A로 개칭하였고, 1910년에는 홈 경기장을 맨체스터 시 동북쪽의 뱅크 스트리트에서 서남쪽의 올드트래포드로 이전했다. A는 현재 잉글랜드 최상위 프로 축구 리그 최다 우승팀이자, 잉글랜드에서 유일하게 트레블을 달성한 기록을 보유하고 있는, 잉글랜드를 대표하는 명문 구단이다.

1. 박지성
2. 손흥민
3. 류현진
4. 서장훈
5. 차범근

보통의 풀이 과정은 이렇다. ① 〈자료〉를 읽고 A가 '맨체스터 유나이티드'임을 알아낸다. ② 선택지 중에서 '맨체스터 유나이티드'

에 속했던 '박지성'을 고른다. 이런 접근법은 〈자료〉를 정독해야 한다. 정독한 뒤에도 확신이 생기지 않을 수 있다.

"맨체스터 유나이티드가 맞나? 맨체스터 시티랑 헷갈리네."

이러면 10초 이상 시간이 허비된다.

반면 선택지를 통해 힌트를 얻으면 상황이 달라진다. 선택지를 보면 우리나라 운동선수에 관한 문제임을 알 수 있다. 〈자료〉를 읽는 목적은 이 5명을 구분하는 것이다. 여기까지 생각하고 〈자료〉를 슬쩍 보면 답이 나온다. '축구'라는 단어만 봐도 류현진, 서장훈은 소거된다. '맨체스터'라는 단어만 확인하면 '박지성'을 고를 수 있다. 〈자료〉를 한 글자씩 정독할 필요가 없다.

객관식의 본질은 선택지 5개 중에서 하나를 고르는 것이다. 그게 제시문을 읽는 목적이기도 하다. 제시문을 완벽히 이해하는 게 목적이 아니다. **답만 고를 수 있도록 읽으면 충분하다.**

선택지는 독해의 가이드라인을 준다. 선택지를 확인하면 제시문을 보는 관점이 생긴다. 'A가 무슨 팀인지 알아내야지'가 아니라 '5명 중 누군지 알아내야지'가 목적이 된다. 어디에 집중해서 읽어야 할지 훤히 드러난다.

이런 관점은 긴 지문을 읽어야 하는 국어/영어 시험에서 빛을 발한다. 지문을 읽기 전에 문제를 통해 힌트를 얻을 수 있다. 글의 주제를 추론하거나 읽을 범위를 줄일 수 있다.

수험생의 목적은 지문을 이해하는 게 아니다. 지문에 딸린 문제를 푸는 것이 목적이다. 지문을 열심히 읽어도 문제를 풀 수 없다면 잘못 읽은 것이다. 반면 지문의 일부를 읽지 않아도 문제의 답만 정확히 고를 수 있다면 잘 읽은 것이다.

지문 독해의 방향성을 정하려면 문제에서 무엇을 요구하는지 봐야 한다. 일부러 힌트를 보지 않을 이유는 없다. 물론 이건 누군가에겐 거부감이 드는 관점일 것이다. 과거의 나 또한 정독의 환상에 빠져 있었다.

그러나 독해의 원리를 이해한다면 당연히 이런 결론으로 귀결된다. 분량상 문제 풀이법을 더 자세히 보여줄 순 없지만, 그 원리에 대해서는 모두 설명했다. 당신도 사고의 전환을 이뤄내길 바란다.

CHECK POINT

◯	읽고 싶은 본문을 준비하라. 평소에는 그 글을 어떻게 읽었는가?
◯	어려운 부분은 빠르게 넘기고 이해되는 부분만 읽어보라. 그리고 반복하라.
◯	저자의 요약, 제목, 소제목 등을 활용해서 글의 중심 내용을 찾아보라.

이 과정에서 어려웠던 점이나 느낀 점이 있다면 적어두고 고쳐 나가자.

어린 시절 책을 안 읽었어도 랜찮은 이유

"책을 몇 번 읽어야 모두 외워질까요?"라는 질문은 영원한 수험생의 고민이다. 여기엔 흔히 이런 답변이 달린다.

"7번만 읽어보세요. 다 외워집니다."

"공부의 완성은 10회독입니다. 그때까지 노력하세요."

그러나 철학자 쇼펜하우어는 이 얘기를 들으면 비웃을 것이다. 그는 이런 말을 남겼기 때문이다.

"거의 종일 책을 읽는 사람은 사고를 할 능력을 점차 상실한다. 틈날 때마다 독서하는 생활을 계속하면 정신이 마비된다. 마치 늘 말을 타고 다니는 사람이 결국 걷는 법을 잊어버리는 것과 마찬가지다."

그리고 그 이유에 대해 이렇게 말했다.

"독서란 자기 스스로 생각하지 않고 남이 대신 생각해주는 것이다. 우리는 그 사람의 마음에서 일어나는 과정을 따라가는 것에 불과하다. 학생이 글쓰기를 배울 때 선생이 연필로 그어놓은 선을 따라 펜을 움직이는 것과 같다."

반복해서 읽는 공부법의 위험성을 알 수 있는 대목이다. 읽기는 내가 생각하는 것이 아니다. 남의 생각을 따라가기만 하면 오히려 나의 사고가 마비될 수 있다. 무조건 많이 읽으면 좋은 것이라는 우리 상식과 벗어나는 이야기다. 그런데 조금만 생각해보면 일리가 있다.

능동적 읽기의 중요성

이 책을 읽는 당신은 어떤가? 지금까지 읽은 내용을 기억하는가? 각 챕터를 한마디로 설명할 수 있는가?

10초간 책을 덮고 떠올려보자. 쉽지 않을 것이다. 그게 바로 나의 생각을 엿본 것에 불과하다는 증거다. 당신이 생각한 것이 아니다. 많은 사람의 읽기는 '읽었다는 착각'으로 끝나곤 한다.

영화를 본 직후에는 스토리가 대부분 생각난다. 세세한 장면까지도 떠오른다. 가슴이 벅차오르는 이 감동을 평생 잊지 않을 것 같다. 그러나 한 달만 지나도 이런 기억은 흐려진다. 심지어 주인공의 이름, 영화 결말도 잘 기억나지 않는다. 벅찼던 감동은 이미 다 날아 갔을지도 모른다.

교재를 읽는 것이나 강의를 듣는 것도 마찬가지다. 훌륭한 교재나 강의를 보고 나면 깨달음을 얻은 기분이 든다. 공부에 혁명적인 변화가 생길 것 같다. 그러나 실제론 그렇지 않다. 그 지식은 금세 휘발된다.

그렇다면 교재를 어떻게 봐야 할까? 어떻게 읽어야 나의 사고가 단단해지고 머릿속에 남는 것이 있을까? 이에 대해 쇼펜하우어는 이렇게 말했다.

"음식을 먹는다고 우리 몸에 양분이 되는 것이 아니라 소화를 해야 한다. 읽은 것도 되새겨야만 자기 것이 된다. 반면에 책만 읽고 나중에 그것을 계속 생각하지 않으면 읽은 것이 뿌리를 내리지 못하고 대부분 사라지고 만다."

아무리 책을 많이 읽어도 스스로 생각하지 않으면 의미가 없다. 음식을 아무리 먹어도 소화가 되지 않으면 의미 없는 것과 같다. 오히려 적당한 양의 건강한 음식을 꼭꼭 씹어서 먹는 것이 좋다. 교재를 읽을 때도 마찬가지다.

흔히 교재를 많이 읽으면 합격에 가까워진다고 한다. 그러나 '제대로' 읽었을 때만 그렇다. 제대로 읽는다는 건 스스로 되새기며 읽는 것이다. 공부법 개념으로 설명하자면 능동감각을 활용해서 읽는 것이다.

수동적으로만 읽으면 10번을 봐도 부족하다. 반면 횟수가 적어도 능동적으로 사고하며 읽는다면 그 내용은 온전히 나의 양분이 된다.

의대생들은 그룹 스터디를 많이 한다. 같은 범위를 공부하고 함께 토론한다. 이는 능동감각을 높이는 훌륭한 방법이다. 내가 읽은 걸 말로 꺼내보면서 기억이 강화된다. 또 다른 사람의 얘기를 통해 지식을 다양한 각도로 바라보게 된다.

또한 이들은 혼자 공부할 때부터 친구에게 어떻게 설명할지 고려하며 읽는다. 그래서 목적이 명확하고 주체적으로 읽게 된다. 이는 눈으로만 책을 읽는 것과는 분명히 다르다.

그러나 꼭 스터디에 참여해야만 능동적으로 읽을 수 있는 건 아니다. 혼자서도 능동적으로 사고하며 교재를 읽을 수 있다. 읽은 내용을 떠올려보거나, 요약해보거나, 스스로 설명해보는 등 다양한 방법이 있다.

요약하고 떠올려보기

중학생 때 시험공부를 하며 당황스러웠던 기억이 있다. 교과서를 열심히 읽었는데 문제를 풀 수가 없었다. 분명 어디서 본 내용인데 5개 선택지 중 답을 고를 수가 없었다. '교재를 읽는 것과 문제를 풀 수 있는 건 다르구나' 하는 생각을 어렴풋이 했다.

지식은 사용해보기 전까진 아는지 모르는지 판단이 안 된다. 지식을 꺼내 봐야만 제대로 입력되었는지 확인할 수 있다. 수동적으로 읽으면 지식이 쌓이고 있는지 점검할 수 없다.

반드시 문제집을 풀어야 하는 건 아니다. **책을 읽는 중에도 능동적으로 점검할 수 있다. 읽었던 내용을 떠올려보는 방법이 대표적이다.** 문제가 나에게 물어오지 않더라도 스스로 질문을 던지면 된다.

"지금까지 읽은 내용이 뭐였더라?"

이런 질문을 던지면 나의 기억을 점검할 수 있다. 점검하는 동시에 기억이 강화되는 효과도 있다. 기억은 꺼내볼수록 강하게 저장되기 때문이다.

이때 중요한 것은 '요약하는 능력'이다. 여러 페이지에서 읽은 내용을 떠올리려면 요약해야 한다. 모든 문장을 외울 순 없기 때문이다. 그리고 요약엔 반드시 중심 내용이 포함되어야 한다.

요약을 못 하는 사람은 책을 읽고도 부차적인 내용만 기억한다. 공부법 책을 읽고 '저 사람 정말 공부를 잘했구나'라고만 기억하는 식이다. 인상적인 문장만 기억해서도 안 된다. 중심 내용을 포함해서 요약해야 한다. 그래야 제대로 지식을 관리할 수 있다.

책을 읽다가 중간중간 요약하는 건 귀찮은 일이다. 쭉쭉 읽어나가고 싶은 마음도 눌러야 한다. 그러나 앞만 보고 달려가면 제대로 가고 있는지를 모른다. 한번씩 멈춰 서서 뒤를 돌아봐줘야 한다. 내가 잘 걸어왔는지 확인해야 한다.

나는 이를 '이글루 짓기'에 비유하곤 한다. 개별 얼음을 꽉꽉 눌

러서 다져야만 튼튼한 이글루가 만들어진다. 얼음이 엉성하면 이글루는 무너진다. 지식도 마찬가지다. 작은 지식의 단위를 다지면서 읽어야 전체 지식이 견고해진다.

강의를 들을 때도 똑같다. 인강은 언제든 멈출 수 있다는 장점이 있다. 한 주제에 대한 설명이 끝났다면 일단 멈추자. 그러고는 지금까지 들은 내용을 떠올려보자. 생각이 나지 않는 부분은 다시 공부하자. 이런 과정이 없으면 구멍이 숭숭 뚫린 공부가 된다. 특히나 소리로 듣는 것은 글자로 읽는 것보다 쉽게 휘발된다. 그래서 스스로 점검하며 듣는 것이 더 중요하다.

말하고 써보기

떠올려보는 것에도 '강도'가 있다. 더 높은 강도로 출력할수록 공부의 효과가 좋다. 즉 능동감각을 많이 발휘할수록 기억이 깊어진다. 눈으로 읽는 것보다는 멈추고 생각하는 것이 좋다. 머리로 생각하는 것보다는 말로 꺼내보는 것이 좋다.

머리로 생각할 때는 아는 것 같았지만, 말로 설명해보면 막히는 경우가 있다. 사실 이는 내용을 제대로 이해하지 못했다는 뜻이나. 읽었던 키워드와 느낌이 둥둥 떠다니는 상태에 불과하다.

정보가 머릿속에서 논리정연하게 배치되어야 직접 설명할 수 있다. 그리고 설명해보는 과정에서 논리가 맞춰지기도 한다. 말로 꺼내보는 것은 점검 과정이면서, 그 자체로 훌륭한 공부다.

그래서 말로 설명하는 아웃풋은 많이 할수록 좋다. 오늘 어떤 주제를 공부했다면 괜히 친구한테 설명도 해보고, 어려웠던 부분을 물어도 보자. 그렇게 이야기하는 과정에서 내용이 체화된다.

말로 설명해보는 것보다 더 강도 높은 것은 글로 써보는 것이다. 글은 말보다 치밀하다. 아무리 논리적인 말도 잘 쓰인 글과는 비교할 수 없다. 그래서 중요한 연설을 할 때는 연설문을 먼저 쓰고 그것을 읽는다.

공부한 내용을 글로 써보면 내가 이해한 것이 얼마나 빈약한지 깨닫게 된다. 내 경험으로는, 공부한 것을 글로 적어볼 때 가장 힘들었다. 말은 금방 날아가지만, 글은 계속 눈앞에 남아 있다.

그래서 조금의 논리적 빈틈도 쉽게 보인다. 말로는 대충 뭉개고 넘어가던 부분까지 포착되는 것이다.

글로 써보면 공부가 부족한 곳이 보인다. 그런 부분들을 보완하면 논리적으로 촘촘한 지식을 쌓을 수 있다. 이렇게 공부한 것은 장기 기억으로 남는다. 그래서 나는 독서 후에 몇몇 꼭지를 잡아서 개인 블로그에 글로 정리하는 습관이 있다. 독서뿐만 아니라 시험공부도 그렇게 한다. 이는 내가 경험한 최고의 복습법이다.

능동적으로 독해하는 방법은 이렇게 다양하다. 능동적인 정도에 따라서도 여러 방법이 있다. 이 책을 읽을 때부터 하나씩 적용해보자. 하나의 주제에 대한 설명이 끝나면 멈추고 요약해보자.

"그래서 내가 읽은 게 무슨 내용이지?"

꼭 기억하고 싶은 내용은 강하게 출력해보자. 친구나 가족을 붙잡고 설명해보는 것이다. 혹은 나 자신에게 설명해보는 것도 좋다.

더 완벽하게 공부하고 싶다면 노트나 블로그 등에 공부한 내용을 정리해보자. 능동감각을 많이 활용할수록 강하게 기억에 남는다. 이렇게 지식을 꺼내보는 시간이 내가 사고하는 시간이다. 남의 생각을 구경하는 시간보다 스스로 생각하는 시간이 길어야 한다.

"그런데 앞에서 설명한 독해법에서는 어려운 내용은 넘기고, 읽기 쉬운 곳부터 읽으라고 하지 않았나요?"

이런 의문이 생길 수 있다. 어려운 내용은 넘겨야 할까, 아니면 오래 고민해야 할까? 이런 고민을 하는 이유는 책을 한 번만 읽고 모든 걸 파악하려고 하기 때문이다.

책을 여러 번에 걸쳐서 읽으면 고민은 해결된다. 처음 읽을 땐 핵심 위주로 파악하고, 그 이후에는 내용을 곱씹으면서 읽는 것이다. 첫 회독엔 순서감각에, 거듭할수록 능동감각에 집중하면 적절하다. 이렇게 하면 효율과 깊이를 모두 잡을 수 있다.

능동감각 공부법은 얼핏 들으면 쉬워 보인다. 복잡할 게 없는 공부법이다. 그러나 막상 해보면 가장 어렵다. 내가 공부한 내용을 떠올려볼 때 두려움이 동반되기 때문이다. 분명 열심히 읽었는데 거의 생각이 안 난다. 이는 매우 불쾌한 경험이다. 그래서 나도 모르게 회피하게 된다.

'떠올리는 건 다음에 하자. 일단 지금은 진도가 밀렸으니까.'

그러나 이런 마음을 극복해야 한다.

책을 읽고 공부하는 과정은 힘든 게 정상이다. 힘든 일을 건너뛰면 그건 공부가 아니다. 힘들지 않았다는 것은 떠올려보지 않았다는 뜻이다. 떠올려보지 않았다는 것은 남는 게 없다는 뜻이다. 음식을 아무리 먹어도 소화되지 않으면 피와 살이 될 수 없다.

CHECK POINT

◯ 지금까지 공부한 내용을 보지 않고 얼마나 떠올릴 수 있는가? 떠오르지 않는 부분은 다시 찾아서 읽어보라.

◯ 책을 보지 않고, 책의 주제를 글로 써보라. 잘 쓰이지 않는 부분이 있는가?

◯ 어떻게 능동감각을 보완할지 생각해보자. 나에게 적합한 전략은 무엇일까?

능동적으로 사고하며 읽으면 회독 수가 적더라도 온전히 나의 지식이 된다.

독해는 결국
추론 게임이다

독해력은 내 콤플렉스였다. 나는 다른 역량에 비해 유독 글을 못 읽었다. 그래서 공부법 중에서도 '읽기'에 가장 많이 투자했다. 글을 잘 읽는 사람이 어떻게 사고하는지 분석하고 고민했다. 앞에서 소개한 독해법도 그 결과다.

궁극적으로 한 가지를 깨달은 이후 독해에 대한 고민은 거의 사라졌다. 어떤 깨달음이었을까? 그건 "읽기는 추론 게임"이라는 말로 요약된다. 이는 언어학자 케니스 굿맨이 남긴 말이다. 이것은 독해에서 아주 결정적인 사고방식을 담고 있다. 개인적으로는 이게 중급자와 상급자를 가르는 지점이라 생각한다. 독해력이 갑자기 올라간 학생들을 보면 이를 깨달은 경우가 많았다.

나는 수능 영어를 공부하면서 처음으로 추론의 중요성을 느꼈다. 원래는 영어 독해에서 모르는 단어가 있어선 안 된다고 생각했다. 그러나 한 영어 선생님이 말하길, 모르는 단어가 있어도 상관없다고 했다.

"이 단어 모르지? 모른다고 쳐. 그래도 글을 이해할 수 있어."

이해할 수 있는 단어만 읽어서 전체 내용을 추론하는 것이다. 일부 단어만 읽어서 맥락을 잡고, 그 맥락으로 안 읽은 부분까지 추론한다. 이렇게 했더니 본문을 전보다 조금만 읽어도 되기 때문에 시간도 적게 걸렸다.

그때 느꼈다.

'모든 단어를 읽어야 글을 이해할 수 있는 게 아니구나.'

글을 읽는 데 서툰 사람은 모든 단어를 꾹꾹 눌러 읽는다. 그게 극단적으로 나타나는 것이 '속발음' 습관이다. 속으로 소리 내어 책을 읽는 것인데, 이렇게 하면 모든 단어를 놓치지 않고 읽을 수 있다. 그러나 이렇게 한다고 이해도가 높아지진 않는다. 글을 잘 읽는 사람은 몇몇 단어에만 힘을 준다. 그 단어만으로 문장의 의미를 추론한다. 중요한 정보에만 시선을 머무르며 읽는다.

어떤 시험이든 패턴화된 유형이 있다. 같은 유형에서는 비슷한 종류의 조건을 나열한다. 내용은 바뀌더라도 반복되는 형식이 있다. 그래서 한 가지 시험을 오래 공부하면 문제가 예측된다. 문제를 조금만 읽어도 어떤 조건을 제시할지, 어떤 걸 물어볼지 뻔히 보인다. 그렇게 예측이 되면, 나머지 부분은 훑으면서 확인만 하면 된다. 이미 예측한 걸 확인하는 게, 새롭게 읽어서 이해하는 것보다 쉽다. 눈으로 스치듯 빠르게 읽어도 포인트가 딱딱 보인다.

나도 성인이 되어 여러 시험을 공부하면서 비슷한 경험을 했다. 시험에 익숙해지면 처음에 비해 읽는 속도가 몇 배는 빨라졌다. 그때 확신이 생겼다. 시선을 어떻게 움직이는지가 독해력의 핵심이라는 것. 그 바탕에는 '추론'이 있다는 것.

최근엔 '아이트래커(eye tracker)', 우리말로 시선추적기를 이용해 독해자의 시선을 분석하는 연구도 많았다. 서로 다른 독해력을 가진 사람들이 텍스트를 읽을 때 시선의 움직임을 분석했다.

그 결과 독해력이 높은 사람은 텍스트의 핵심 정보에 시선이 집중되었고, 필요 없는 정보에는 시선을 덜 할애했다. 불필요한 되돌아보기를 최소화하고, 효율적인 경로로 시선을 움직였다. 반면 독해력이 낮은 사람은 텍스트 전체를 반복적으로 읽거나 시선이 불필요하게 돌아다녔다.

이런 연구 결과에서 알 수 있듯, 독해는 모든 단어를 꼼꼼히 읽는 과정이 아니다. 나에게 필요한 부분을 취사선택하며 나머지 내용은 추론으로 메우는 것이다.

이런 연구 결과는 평가원 지문으로 나오기도 했다. 해당 지문에서 이렇게 말한다. "읽기 능력이 발달하면 단어를 건너뛰는 긴 도약이 자주 일어난다"라고.

[A] 눈동자 움직임에 주목한 연구에 따르면, 글을 읽을 때 독자는 자신이 중요하다고 판단한 단어나 생소하다고 생각한 단어를 중심으로 읽는다. 글을 읽을 때 독자는 눈동자를 단어에 멈추는 고정, 고정과 고정 사이에 일어나는 도약을 보였는데, 도약은 한 단어에서 다음 단어로 이동하는 짧은 도약과 단어를 건너뛰는 긴 도약으로 구분된다. 고정이 관찰될 때는 단어의 의미 이해가 이루어졌지만, 도약이 관찰될 때는 건너뛴 단어의 의미 이해가 이루어지지 않았다. 글을 읽을 때 독자가 생각하는 단어의 중요도나 친숙함에 따라 눈동자의 고정 시간과 횟수, 도약의 길이와 방향도 달랐다. 독자가 중요하거나 생소하다고 생각한 단어일수록 고정 시간이 길었다. 이러한 단어는 독자가 글의 진행 방향대로 읽어 가다가 되돌아와 다시 읽는 경우도 있어 고정 횟수도 많았고, 이때의 도약은 글의 진행 방향과는 다르게 나타났다. 중요한 단어나 생소한 단어가 연속될 때는 그 단어마다 눈동자가 멈추면서 도약의 길이가 짧았다.

　　눈동자 움직임의 양상은 독자의 읽기 능력이 발달하면서 변화한다. 읽기 능력이 발달하면 이전과 같은 수준의 글을 읽거나 전에 읽었던 글을 다시 읽을 때, 단어마다 눈동자를 고정하지는 않게 되어 ⊙이전보다 고정 횟수와 고정 시간이 줄어들고 단어를 건너뛰는 긴 도약이 자주 일어나는 모습이 관찰된다.

이런 관점이 생소하게 느껴질 수도 있다.

"정말 그런가? 꼼꼼히 안 읽으면 너무 불안한데."

그러나 정도의 차이일 뿐 누구나 이렇게 글을 읽는다. 다음의 예시를 보자. 과거에 유명했던 글이다.

영국 캠리브지 대학의 연결구과에 따르면,

한 단어 안에서 글자가 어떤 순서로 배되열어 있는가 하 것는은 중하요지 않고,

첫째번와 마지막 글자가 올바른 위치에 있것는이 중하요 다고 한다.

나머지 글들자은 완전히 엉진창망의 순서로 되어 있지을 라도

당신은 아무 문없제이 이것을 읽을 수 있다.

왜하냐면 인간의 두뇌는 모든 글자를

하나 하나 읽것는이 아니라 단어 하나를 전체로 인하식 기 때이문다.

이런 글을 읽을 수 있는 것도 같은 이유 때문이다. 첫 번째와 마지막 글자만으로 이 글자가 무엇인지 예측한 것이다. 한 글자씩 순서를 바꿔보며 올바른 단어가 뭔지 고민하지 않는다. 그렇기에 이런 엉망진창인 글도 자연스럽게 읽어진다. 원래 우리는 한 글자씩 인지하는 것보다 추론하면서 읽는 게 자연스럽다는 증거다.

최근의 뇌과학 이론도 그렇게 말한다. 과거엔 외부 세계를 우리 감각이 그대로 인지한다고 생각했다. 그러나 사실은 머릿속에서 만들어내는 예측에 많이 의존한다. 이런 생각은 이미 150년 전 헤르

만 폰 헬름홀츠가 제안했고, 근래에는 칼 프리스턴이 능동 추론 이론으로 체계화했다.

우리는 수동적으로 시각 정보를 받아들이는 게 아니라, 무엇을 보게 될지 능동적으로 예측한다. 우리의 예상이 실제로 보는 것에 영향을 준다. 이야기를 들을 때도 마찬가지다. 상대의 말을 듣고 해석하는 동시에 무슨 말을 들을지 예측한다. 상대의 말을 듣는 동시에 내가 만들어내는 말을 듣는 셈이다.

지속적으로 예측하고 그 예측을 감각 정보와 비교한다. 그리고 내 예측과 감각 정보 사이에 차이가 있으면 둘을 조정한다. 그래서 우리는 수동적으로 반응하는 대신, 능동적으로 시뮬레이션을 만드는 존재다.

인간은 모든 감각 입력을 세세하게 분석하지 않는다. 오히려 가능성이 높은 예측을 빠르게 선택한다. 계단을 내려갈 때도 모든 높이를 하나씩 확인하지 않는다. 1~2개 정도만 확인한 뒤에 나머지도 비슷한 높이일 거라 예측한다. 그리고 그 높이만큼 발을 내디딘다.

이는 문자를 읽을 때도 마찬가지다. 다음 페이지의 그림을 보라. 가운데 문제는 B인가, 13인가? 이건 문맥에 따라 다르게 인식된다. 세로로 읽으면 13으로 보인다. 12와 14를 보고 13을 예측했기 때문이다. 하지만 가로로 읽으면 B로 보인다. 양쪽의 A와 C를 보고 B를 예측했기 때문이다. 이처럼 우리는 실제 단어를 본다기보다는 내가 예측하는 단어를 본다.

글을 독해하는 과정도 비슷하다. 독해는 단어 하나하나를 감각적으로 받아들이고 머릿속에서 조합하는 수동적인 과정이 아니다. 그보다는 '이런 내용이 아닐까'라고 먼저 예측하고, 그 예측이 맞았는지 확인하는 과정이다.

일부 글자를 통해 단어를 추론하듯, 일부 단어를 통해 문장을 추론할 수 있다. 또한 일부 문장을 통해 전체 글을 추론할 수 있다. 그런 의미에서 읽기는 추론 게임이다. 읽기뿐만 아니라 모든 지각은 추론 게임이다.

앞에서 여러 가지 힌트를 참고해 글의 중심 내용을 추론했다. 그것도 같은 원리를 담고 있다. 목차, 제목, 저자의 요약, 글의 소재 같은 힌트를 통해 글의 내용을 추론할 수 있다. 이후엔 그 추론이 맞는지 확인하면 된다. 눈동자는 모든 단어를 읽는 대신, 많은 도약을 할 것이다.

힌트를 통해서 추론하는 독해법에는 이런 과학적 원리가 있다. 인간의 인지 방식을 활용한 접근법이다. "반드시 모든 문장을 곱씹어서 생각해", "빠르게 읽는 것은 사고력만이 답이야"라는 막연한 주장보다 이게 더 합리적이다.

케니스 굿맨의 "읽기는 추론 게임"이라는 말도 이런 뜻이다. 그는 해당 연구에서 말했다.

"읽기는 언어심리학적인 추론 게임이다. 읽기는 글자, 단어, 문장의 정확하고, 디테일하고, 순차적인 인지와 이해가 아니다. 읽기는 선택적인 과정이다. 인지적 인풋 중에서 최소한의 언어적 힌트를 사용해서 추론하는 것이다."

CHECK POINT

○	한 문단을 선택한 다음, 빠르게 일부 단어만 읽어보라. 그 단어들로 문단의 주제를 추측해보라. 그 예측이 맞았는가?
○	글 하나를 선택한 다음, 빠르게 일부 문장만 읽어보라. 그 문장만으로 글의 주제를 추측해보라. 그 예측이 맞았는가?

위 내용을 실행하면서 어려웠던 점이나 느낀 점이 있다면 메모해두자.

4장

외우지 않는
'암기의 기술'

가장 좋은 암기법은
외우지 않는 것이다

공부는 결국 읽고 기억하는 게 전부다. 교재를 잘 읽고 잘 기억할 수 있다면? 공부에서 대부분의 어려움이 해결된다. 그중에서 학생들은 특히 '기억하기'를 힘들어한다. 그래서 많은 학생이 암기법을 갈망한다. 시중에 암기 방법에 관한 교재도 많다.

그러나 암기법을 배우고도 자신의 공부에 적용하지 못하는 경우가 대부분이다. 암기법 이론과 실제 시험공부 사이에 괴리가 있기 때문이다.

나는 이론과 현실 사이의 간극을 줄이기 위해 오랜 시간을 투자했다. 수능은 물론, 공무원, 임용고시, 전문직 등의 수험생과 '암기법 PT'라는 프로그램을 진행하며 천여 명이 넘는 수험생을 지도했다.

"이건 어떻게 외우나요?"라는 질문을 수백 번 받으면서 각 상황에 적절한 암기법을 고민했다.

그 경험으로 이 챕터를 쓸 수 있었다. 결론부터 말하자면, 암기할 때도 '기본 원리 3가지'가 중요하다. 목적감각, 능동감각, 순서감각을 균형 있게 활용해야 암기를 잘할 수 있다.

공부를 시작하면 우리 앞에 수많은 지식이 널브러져 있다. 필요한 지식과 필요하지 않은 지식이 섞여 있다. 그러나 시험에 합격하기 위해 모든 지식이 필요한 건 아니다. 암기를 잘하는 사람은 꼭 필요한 지식만 외운다. 이것을 추려내기 위해서 목적감각이 필요하다.

또한 암기의 모든 과정은 능동적이어야 한다. 수동적으로 타인의 분석과 정리에 의존하는 사람은 암기를 잘하기 힘들다. 스스로 지식을 이리저리 만져보고 사용해보는 사람이 암기를 잘한다.

마지막으로 공부의 순서도 중요하다. 많은 학생이 공부를 시작하자마자 암기법을 만들려고 고민한다. 앞 글자를 따기도 하고, 그림을 이용해 외우기도 한다. 무작정 외우다 보니 시험에 필요 없는 개념까지 외우기도 한다. 혹은 이해하면 되는 내용까지 암기하기도 한다. 불필요하게 많이 암기하는 것이다. 이런 비효율을 없애려면 공부의 순서를 조정해야 한다.

내가 제안하는 순서는 ① 외울 내용을 추려내고 ② 정보를 범주화하고 ③ 이해하고 ④ 외우기 쉽게 변환하고 ⑤ 반복적으로 인출하는 것이다. 이 순서로 공부해야 그 효과가 중복되지 않으면서 누적된다. 지금부터 이 5단계 과정을 순서대로 배워보자.

시험에 필요한
공부의 깊이부터 파악하라

잘 외우는 비법은 적게 외우는 것이다. 적게 외우려면 중요한 것을 외워야 한다. 의대에 입학하면 귀에 딱지가 앉도록 듣게 되는 내용이다.

"중요한 것부터 공부해라."

"중요한 것만 알아도 중간은 한다. 너무 다 알려고 하지 마라."

아버지뻘 의사 선배들도 같은 조언을 들었다고 한다. 그만큼 이건 중요하며, 알면서도 잘 못 지키는 사항이다.

얼마나 깊게 공부해야 할까

거친 입시 과정을 뚫고 의대에 입학했다면 기본적인 학습 능력은 갖췄을 것이다. 그런데도 일부 학생은 공부를 많이 힘들어한다. 자세히 살펴보면 원인은 비슷하다. 중요한 게 뭔지 생각하지 않고 그냥 다 공부하기 때문이다.

이런 방식은 고등학교 때까진 먹히는 전략이다. 그런 태도로 최상위권을 유지했을 것이다. 그러나 공부량이 많은 시험에선 이런 전략이 먹히지 않는다.

의대 시험뿐만 아니라 소위 '외울 게 많은' 시험은 모두 마찬가지다. 뭐가 중요한지를 먼저 알고 중요한 것부터 공부해야 한다. '다 공부해보니 이게 중요하더라'라는 태도는 비효율적이다. 이는 결국 필요 없는 내용에 시간과 에너지를 쏟은 것이다. 그렇게 되면 실제로 외워야 하는 것보다 많은 양을 외워야 한다.

예를 들어, '축구 고시'라는 시험을 상상해보자. '맨시티'는 세계적으로 유명한 팀이다. 그리고 맨시티는 시험에서 매번 출제되는 개념이다.

그러면 이걸 자세하게 공부해야 할 것이다. 소속된 선수의 이름은 물론이고, 선수의 구체적인 특징까지 알아야 한다. 대표 선수인 '홀란드'가 몇 살인지, 키는 얼마인지, 어떤 상을 받았는지도 물어볼 수 있다.

반면 영국 2부리그에 '블랙풀'이라는 팀이 있다. 상대적으로 덜 유명한 팀이다. 시험에서 출제된 적이 없고, 덜 중요한 개념이다. 이 때는 주요 선수의 이름만 알아도 충분할 것이다. 블랙풀의 각 선수를 홀란드와 같은 비중으로 공부해선 안 된다. 이렇듯 어떤 개념이 중요한지 미리 알고 공부해야 한다.

시험은 지식이 많다고 이기는 게임이 아니다. 시험에 적합한 지식을 알아야 한다. 블랙풀에 관한 지식만 많은 사람은 시험에 합격하기 힘들다. 무작정 많이 외우기보다, 머리의 한계를 인정하고 무엇을 외울지 고민해야 한다. 의사국가고시 수석합격자의 인터뷰에도 이런 얘기가 반복적으로 언급된다.

"제 지식의 양이 다른 친구에 비해 많은 것 같지는 않아요. 대신 어디를 중점적으로 공부할지를 잘 선택한 것 같아요."

기출문제에서 지식을 추출하는 방법

공부하다 보면 늘 이런 의문이 든다.

'이건 다 외워야 하는 걸까?'

'이건 너무 어려운데 꼭 이해해야 할까?'

판단 기준이 없으니 이런 고민이 생긴다. 보통은 각자 느낌에 따라 판단한다. 의지가 넘쳐서 모든 걸 달달 외우는 사람도 있다. '그냥 굵은 글씨만 외우면 되지 않을까?'라고 안일하게 생각하는 사람도 있다. 모두 좋은 전략이 아니다. 최고의 판단 기준은 '기출문제'

다. 기출문에 안에 공부 범위의 답이 있다.

예를 들어, 태양계 행성을 공부한다고 해보자. 교과서에는 정보가 쏟아진다. 각 행성의 온도, 크기, 기압이 나열되어 있다.

행성	온도(℃)	지름(km)	기압(지구 기준)
수성	−173~427	4879	0
금성	464	12104	92배
지구	15	12742	1배
화성	−63	6779	0.006배
목성	−108	139820	100배 이상
토성	−139	116460	100배 이상
천왕성	−195	50724	1.2배
해왕성	−200	49244	1.5배

그럼 이런 의문이 든다.

'합격하려면 이 숫자를 다 외워야겠지?'

'에이, 설마 이런 것까지 외워야겠어?'

무엇이 정답일까? 아직은 알 수 없다. 문제를 보지 않았기 때문이다. 문제가 어떻게 나왔는지 봐야 이 지식이 어떻게 문제에 활용되는지 알 수 있다. 어떻게 활용되는지 알아야 어떻게 공부할지 알게 된다. 그래서 이 단원의 기출문제를 모아서 훑어봤다.

먼저 행성의 온도에 대한 기출 선택지를 분석했다.

"금성의 온도는 약 464도다."

"금성의 온도는 600도 이상이다."

이처럼 숫자를 외워야 풀 수 있는 선택지가 종종 나왔다. 그런데 틀린 선택지는 숫자를 아예 다르게 출제했다. '464도는 맞고, 470도는 틀렸다'는 식으로 온도를 비슷하게 출제하지는 않았다. 따라서 온도는 외워야 하지만 대략적인 수치만 외우면 된다.

다음으로 행성의 크기에 대한 기출 선택지를 분석했다. 10년 연속 이런 식으로 출제되었다.

"수성의 지름은 지구의 약 0.4배다."

"목성의 지름은 지구의 약 20배다."

해당 행성과 지구의 크기를 비교하는 방식으로만 선택지를 냈다. 이 경우 지름을 일일이 외운 뒤에 나눗셈하는 것보다는, 처음부터 지구 대비 행성의 비율로 정리해서 외우면 효율적이겠다.

마지막으로 행성의 기압에 대한 선택지를 모두 분석했다. 그런데 기압 관련 내용은 한 번도 출제되지 않았다. 그렇다면 이번에도 출제 가능성이 작다.

따라서 기압을 공부하는 건 가장 뒤로 미뤄야 한다. 다른 내용을 모두 외우고 나서 공부해도 늦지 않다. 출제된 적 없는 내용부터 암기하는 건 목적감각이 낮은 것이다.

이 같이 기출 분석의 결과에 따라 공부할 내용을 정리했다. 처음보다 외워야 할 양이 줄어든 게 보인다.

행성	온도(℃)	지름(지구 기준)
수성	−200~400	0.4배
금성	500	0.95배
지구	15	1배
화성	−60	0.5배
목성	−100	11배
토성	−140	9배
천왕성	−200	4배
해왕성	−200	4배

　기출을 분석할 때는 최대한 많은 기출문제를 보면 좋다. 데이터가 많을수록 정교한 결과가 나오기 때문이다. 최근 5년 동안 출제되지 않은 내용이, 6~7년 전에는 여러 번 출제되었을 수도 있다. 그럼 5년 치만 분석한 사람은 부정확한 결과를 얻게 된다.

　이제 기출 분석을 통해 '무엇을 외울지' 정했다. 그런데 고민이 하나 더 있다. '어느 정도 깊이로' 외울지도 정해야 한다. 전체 내용을 달달 외워야 하는지, 읽고 판단할 수만 있으면 되는지 알아야 한다. 암기법을 가르칠 때 이런 질문을 많이 받았다.

　"선생님 이건 어떻게 외워야 하나요?"

　그럼 나는 "이걸 왜 외우는 건데요?"라고 되물어본다. **외우는 목적에 따라 암기의 강도가 달라지기 때문이다.** 그리고 외우는 강도가 달라지면 방법도 달라진다.

그래서 이때도 기출문제를 봐야 한다. 문제가 "태양계 행성의 특징을 아는 대로 쓰시오"라면, 모든 내용을 쓸 수 있을 정도로 공부해야 한다. 반면 "다음 중 태양계 행성이 아닌 것을 고르시오"라고 한다면, 행성의 이름만 인지하고 있어도 충분하다.

이런 경향을 파악한 사람은 10분 만에 공부하고 넘어갈 수 있다. 반면 경향을 몰라서 엉뚱한 데 힘을 쓰는 사람도 있다. 그래서 양을 줄이는 것만큼이나 암기의 강도를 줄이는 것도 중요하다. 같은 양을 공부하더라도 외우는 강도에 따라 들이는 시간이 다르다.

그래서 시험 고수들은 기출문제로 소통한다.

"그건 알 필요 없어. 최근 15년간 그걸 구분하는 문제는 안 나왔거든."

"이 단원은 교과서도 보는 게 좋아. 해마다 더 깊게 물어보는 추세거든."

"그건 학파마다 의견이 다르지만, 기출 기준으로는 이렇게 정리하면 돼."

모든 판단의 근거가 기출문제에 있다. 기출문제를 근거로 무엇을 얼마나 공부할지 판단한다.

그런데 이것은 직접 기출문제를 분석했을 때만 가능하다. 강사의 해설 강의를 듣는 것으로는 절대 이 수준에 도달할 수 없다.

기출 분석은 반드시 직접 해야 한다

기출 분석을 통해 공부할 양을 줄일 수 있다면, 누군가 분석해놓은 것을 보면 좋지 않을까? 누구나 이런 유혹에 흔들릴 만하다. 책을 쓰고, 강의를 하는 사람은 분명 나보다 실력이 뛰어날 테니까. 나를 믿는 것보단 그 사람을 믿는 게 확률이 높을 것 같다.

그러나 이는 공부법을 이해하지 못한 사람의 착각이다. 분석 결과보다 직접 분석하는 과정이 더 중요하다. 결과만 보는 사람은 어떤 맥락에서 그런 결과가 나왔는지 모른다. 사람마다 분석 결과가 다르면 혼란스럽기도 하다.

"왜 강사마다 강조하는 게 다르지?"

그래서 이것저것 다 모으다 보면 결국 더 많은 양을 공부하게 된다.

반면 직접 분석해보면 분석의 결과와 그 과정까지 머리에 남는다. '원래는 이런 내용도 있었는데, 지금까지 이렇게 문제가 나와서, 이만큼만 외우면 돼'라는 맥락까지 알고 있다. 더 공부하면 좋은 개념은 무엇인지, 절대 공부할 필요 없는 부분은 어디인지도 보인다. 이것은 스스로 분석해본 사람에게만 주어지는 경험치다.

물론 이 과정은 쉽지 않다. 언제나 능동적인 공부가 수동적인 공부보다 힘들다. 그리고 사람들은 힘든 일을 싫어한다. 이런 공부법을 소개하면 언제나 비슷한 의견이 나온다.

"머리가 좋으니까 가능한 겁니다. 평범한 학생은 강사가 알려주는 걸 받아먹는 수밖에 없어요."

그런데 사실은 그 반대다. 머리가 좋지 않기 때문에 직접 분석해 봐야 한다. 똑똑한 사람은 요약된 결론만 보고도 행간에 숨은 뜻을 파악한다. 그러나 평범한 사람은 스스로 분석해야만 원리를 깨우치고 응용할 수 있다.

기출문제에 더해 공부 범위를 확장하라

기출문제로 출제 범위를 분석해보면 두 가지를 느끼게 된다.

① 늘 비슷한 곳에서 문제가 나오는구나.
② 근데 진짜 이것만 공부해도 될까?

물론 기출문제만으로 합격이 보장되는 것은 아니다. 경쟁률이 높거나 고득점이 필요한 시험에선 남보다 많이 알아야 한다. 이때는 기출 외의 자료도 학습하는 게 좋다. 기출문제가 없거나 부족한 시험에서도 마찬가지다.

기본 점수를 획득한 뒤에는 추가적인 점수를 쌓아나가야 한다. 그러나 이 순서를 거꾸로 해선 안 된다. '어차피 난 고득점이 목표니까. 처음부터 모든 걸 공부하자'라는 태도는 위험하다. 중요한 것부터 공부하고 차츰 범위를 넓혀가야 한다.

구체적으로 어떻게 공부의 범위를 넓힐지는 암기법의 영역이 아니다. 그래서 다음 챕터에서 다시 다루겠다.

CHECK POINT

◯	암기할 내용과 관련된 기출문제를 준비하자. 많을수록 좋다.
◯	이 기출문제들을 풀려면 어디까지 외워야 할까?
◯	기출 분석을 하기 전보다 외울 양이 줄었는가?

직접 기출 분석을 해야 무엇을 어디까지 외울지 알 수 있다.

범주화 암기법

같은 정보끼리
모을 것

외울 대상을 확정했다면, 이제 그 대상을 '어떻게 머릿속에 넣을지' 고민해야 한다. 보통 암기의 첫 단계에서는 '범주화'를 쓴다. 이는 이해하기 힘들거나 외울 양이 많을 때 적합한 기법이다. 그래서 범주화 암기법은 공부량이 많은 시험을 공부할 때 유용하게 사용된다.

범주화는 내가 가장 많이 사용하는 암기법이기도 하다. '의대 공부를 잘했던 비결이 뭐냐'고 묻는다면 '범주화'라고 답하겠다.

범주화 암기법이란?

범주화는 같은 범주의 지식끼리 묶는 것이다. 도서관에서는 책을 정리할 때 같은 주제끼리 분류한다. 그렇게 하면 필요한 책을 찾기가 쉬워지기 때문이다. 한 권의 책을 만들 때도 우선 목차부터 생각한다. 책에 포함될 지식 중 비슷한 범주끼리 묶은 게 목차다. 이렇듯 범주화는 정보를 인식하는 가장 기초적인 단계다.

강의력이 좋은 선생님은 범주화를 잘하는 경향이 있다. 헷갈리는 개념을 대조하고, 비슷한 기출문제를 묶어서 비교한다. 범주화를 통해 학생들의 기억을 촉진하는 것이다. 지식을 따로따로 공부할 때보다, 유사한 것끼리 묶어서 볼 때 기억하기가 쉽다. 어차피 교육 과정 내에서 가르치는 내용은 비슷하다. 같은 정보라도 어떻게 묶어서 설명하는지에 따라 머리에 기억되는 정도가 다르다.

그러나 범주화를 잘 활용하는 사람은 많지 않다. 대부분 남이 범주화한 결과를 보는 데에만 익숙하기 때문이다. 목차를 보고 정리된 판서를 보지만, 스스로 범주화하지는 않는다.

앞으로는 정보를 스스로 분류하고 묶는 습관을 들이자. 그래야 기억하고 싶은 지식을 내 힘으로 외울 수 있다.

범주화하는 방법

예시 1) 소득세법에 열거된 과세 대상 소득 8가지를 암기해보자.

> – 이자소득, 배당소득, 사업소득, 근로소득, 연금소득, 기타소득, 퇴직소득, 양도소득

    여러 단어가 나열되어 있다. 이 단어들에서 당장은 어떤 규칙성도 보이지 않는다. 이럴 때는 범주화부터 사용한다. 비슷한 것을 조금씩 묶어보겠다. 처음으로 눈에 들어온 것은 '근로소득', '연금소득', '퇴직소득'이다. 이것들은 보통 직장인들이 일생 동안 받게 되는 돈이다. 일할 때 근로소득을 받고, 퇴직할 때 퇴직소득을 받고, 퇴직 후에는 연금소득을 받는다. 이 셋을 묶어보자.

> – 직장인: 근로소득, 퇴직소득, 연금소득
> – 나머지: 이자소득, 배당소득, 사업소득, 기타소득, 양도소득

    다시 남은 것 중 비슷한 것을 묶어보자. 여기서 '이자소득', '양도소득', '배당소득'에도 공통점이 있다. 이 셋은 '재테크'하는 사람이 버는 돈이다. 은행에 넣어두면 이자소득을 받고, 부동산을 팔면 양도소득을 받고, 주식에서 배당금이 나오면 배당소득을 받는다.

- 직장인: 근로소득, 퇴직소득, 연금소득
- 재테크: 이자소득, 양도소득, 배당소득
- 사업소득
- 기타소득

이렇게 네 갈래로 범주화했다. 네 범주를 먼저 떠올리고, 각각의 세부 내용을 떠올리면 된다. 여기서 네 범주를 떠올리는 것은 자연스럽다. 우리가 흔히 말하는 '돈 버는 방법'에는 3가지가 있다. 직장을 다니거나, 재테크를 하거나, 사업을 하거나. 거기에다 '기타'까지 추가하면 네 갈래를 떠올릴 수 있다. 배경지식과 맞닿아 있기에 떠올리기가 어렵지 않다.

'직장인' 그룹에는 3가지 소득이 있다. 여기선 '직장인의 일생'을 시간순으로 떠올리면 된다. 직장을 다니는 중에 버는 근로소득, 퇴직할 때 받는 퇴직소득, 퇴직 이후에 받는 연금소득이다. 그리고 '재테크' 그룹에 다시 3가지 소득이 있다. 은행, 부동산, 주식을 떠올리면 된다. 대표적인 재테크 방법이다. 은행에 넣어두면 이자소득을, 부동산에서 양도소득을, 주식에서 배당소득을 받는다.

지금 눈을 감고 8가지 과세 대상 소득을 떠올려보자. 단어 자체가 낯선 경우가 아니라면, 어렵지 않게 떠올릴 수 있을 것이다. 물론 단어의 앞글자를 따서 '이배사근연기퇴양'이라고 외울 수도 있다. 그리고 이렇게 외우는 게 유용할 때도 있다.

그러나 모든 개념을 암호로 만들어서 외우면 곤란하다. 암호를 또 외우기 위해 누적되는 복습이 필요해지기 때문이다. 그리고 암호를 되뇌는 것은 실력에도 도움이 되지 않는다. 단어의 의미와 개념을 생각하지 않고, 글자 자체만 생각하기 때문이다. 이렇게 하면 공부할수록 부담이 늘어나는 부정적인 순환이 생긴다.

반면 정보를 묶어내고 이해하는 습관을 들이면 암기량이 점점 줄어든다. 새로운 지식을 추가하지 않고 배경지식만을 활용해서 기억할 수 있다.

또한 이해 위주로 공부한 개념은 기억이 오랫동안 보존된다. 이런 건 복습해서 되살리기도 쉽다. 그리고 반복할수록 개념에 숨은 논리를 고민하게 된다. 공부할수록 실력이 깊어지는 긍정적인 순환이 생긴다.

앞의 사례에선 범주화만으로 쉽게 암기되었다. 비슷한 지식끼리 묶어보니, 그 안에서 적당한 맥락이 발견되었기 때문이다(직장인의 일생, 은행/부동산/주식). 그러나 이렇지 않은 경우도 많다. 그럴 때는 범주화한 뒤에 다른 암기법까지 써야 한다. 다음의 예시를 보자.

예시 2) 동물 이름 10가지를 외워보자.

- 코끼리, 사자, 돌고래, 독수리, 고양이, 기린, 팬더, 올빼미, 상어, 거북이

단순히 여러 번 읽어서 외우기에는 개수가 많다. 논리적으로 이해할 수도 없다. 이럴 땐 범주화하는 게 우선이다. 묶는 기준에 정답

은 없다. 본인에게 자연스러운 방식으로 묶으면 된다. 그래야 나중에 떠올리기가 쉽다. 나는 동물의 활동 장소(하늘/땅/바다)를 기준으로 분류하고 싶다.

- 하늘: 독수리, 올빼미
- 땅: 코끼리, 사자, 고양이, 기린, 팬더
- 바다: 돌고래, 상어, 거북이

이렇게 하면 동물 10개를 떠올리는 과정이 작은 과제로 바뀐다. '하늘'에 해당하는 2개, '땅'에 해당하는 5개, '바다'에 해당하는 3개를 떠올리면 된다. 기억의 난이도는 '개수'와 깊은 관계가 있다. 10개를 떠올리는 것보다는 2개, 3개, 5개를 떠올리는 게 쉽다.

그러나 아직 완전히 외운 것은 아니다. 가령 땅에 사는 동물 5가지가 잘 떠오르지 않는다면? 여기서부턴 뒤에서 소개할 다른 암기법을 함께 써야 한다. 앞글자를 따서 말을 만들 수도 있고, 적당한 이미지로 바꿀 수도 있다. 혹은 여러 번 되뇌는 방법도 있다.

이 예시에서는 여러 단어를 무작위로 나열했기 때문에 암기법이 제한적이다. 실제 교과목의 개념에는 논리가 있기 때문에 그 맥락을 활용해서 외우면 편하다. 예시 1번에서 그랬듯이 말이다.

두 예시를 통해 범주화 암기법의 장점을 살펴봤다. 개념끼리 묶으면서 숨은 맥락을 찾을 수 있다. 또한 떠올려야 하는 개수가 줄어든다. 그러나 맥락을 찾지 못하거나 개수가 줄어들지 않아도 괜찮다. 비슷한 정보끼리 묶여 있는 것만으로도 암기가 쉬워진다. 따라서 비슷한 개념이 여러 곳에 흩어져 있다면 한 군데에 모아보자.

예시 3) 한국사 지방통치체제를 모아서 정리해봤다.

- 고구려: 5부 5부 3경
- 백제: 5부 5방 22담로
- 신라: 6부 5주 2소경
- 통일신라: 9주 5소경
- 발해: 5경 15부 62주
- 고려: 5도 양계

'지방통치체제'의 내용은 한국사 전반에 걸쳐서 분산되어 있다. 그 이름도 비슷하고 숫자도 헷갈린다. 그런데 보통은 삼국시대 통치체제를 공부한 지 한참 뒤에 고려시대 통치체제를 공부하게 된다. 그래서 둘을 견주어볼 기회가 없다.

그런데 시험 문제에선 이들을 섞어놓고 출제한다. 그래서 시험만 치면 헷갈리는 것이다. 유사한 범주의 지식은 모아놓고 함께 보면 좋다. 묶어놓고 보면 공통점과 차이점이 뚜렷하게 보인다. 개념을 더 입체적으로 볼 수 있고, 시험에 대비할 수도 있다.

이미지를 외울 때도 마찬가지다. 한국사에선 불상이나 탑 같은 문화재 사진을 많이 외워야 한다. 의대 공부에서도 비슷한 현미경

사진을 수백 장씩 외워야 한다. 이때도 비슷한 사진끼리 묶어서 함께 보면 좋다. 시험장에서 문제를 풀 때는 결국 비슷한 내용이 머릿속에서 뒤섞여 헷갈린다. 따라서 공부할 때부터 미리 확실히 분별해둬야 한다. 범주화하고 서로 비교하면서 공부해야 한다.

이렇듯 많은 개수의 지식을 외울 때는 범주화하는 습관이 중요하다. 기출문제를 학습할 때도 마찬가지다. 기출문제의 풀이법을 기억해야 할 때가 있다. 사고형 시험에서는 전형적인 풀이법을 외워야 한다.

즉석에서 풀이법을 창조해내는 방식으로는 절대 시간 내에 문제를 풀 수가 없다. 이런 풀이법을 기억하는 것도 처음에는 범주화로 시작하면 좋다. 비슷한 풀이법으로 접근하는 문제들을 한데 묶어서 분석하는 것이다.

예시 4) 기출문제 풀이법을 기억해보자.

특정 유형의 기출문제를 모아봤다. 그 풀이 과정은 다음과 같았다. 풀이의 각 단계를 알파벳과 숫자로 표시했다.

1번 문제: A → F → D → B → 4 → 1 → 2
2번 문제: A → C → F → B → 1 → 3 → 2
3번 문제: A → D → B → 4 → 1 → 3 → 2
…

10번 문제: A → D → E → B → 4 → 1 → 2

여기서 잘못된 학습법은 각 문제의 풀이 과정을 따로따로 외우는 것이다. 그렇게 해서는 조금만 다른 문제가 나와도 적용할 수 없다. 여기선 패턴을 찾아야 한다.

'아, 이런 문제는 알파벳을 풀고 숫자를 푸는 거구나.'

구체적인 과목의 예를 들면 이런 것이다.

'유전병의 특징을 찾고, 가계도를 그리는 순서로 푸는구나.'

'미지의 함수를 찾은 후 거기에 숫자를 대입해서 푸는구나.'

혹은 이런 흐름을 발견할 수도 있다.

'알파벳을 풀 때는 항상 A에서 B를 구해야 하네. A → ? → B 과정을 A → B로 단축할 수 없을까?'

수능 과목에서 배우는 풀이 '스킬'이 여기 해당한다. 성인 시험에선 풀이의 '와꾸'라고도 부른다.

예를 들어, 수학 시험에 자주 출제되는 도형의 특징을 외워두면, 나중에 계산할 양이 줄어든다. 과학 시험에서 반복적으로 나오는 상황을 암기하면, 같은 상황이 나왔을 때 바로 답을 찾을 수 있다.

이렇게 전형적인 풀이법을 기억하거나 빠른 풀이법을 찾는 것도 우선은 범주화에서 출발한다. 이후에 그 '풀이 스킬'을 여러 문제에 적용하면서 세부적인 절차까지 외워진다.

사실 풀이법을 외우는 것뿐 아니라, 출제 패턴을 알아내는 것, 모범답안의 구조를 찾는 것 등 모든 분석이 범주화에서 시작된다.

비슷한 문제를 묶어보는 것이 우선이기 때문이다. 그래서 범주화는 기출 분석의 전제이기도 하다. 이에 대해서는 5장에서 자세히 살펴보자.

지금까지는 각각의 지식을 비슷한 것끼리 묶어서 범주화했다. 반면에 서로 뒤섞여 있는 정보에서 다른 범주끼리 구분하는 방법도 있다. 이것은 주로 줄글을 통째로 외울 때 필요한 작업이다. 다음 예시를 보자.

예시 5) 빅뱅 우주론을 공부해보자.

우주의 팽창이 밝혀지고, 이를 바탕으로 두 우주론이 등장했다. 빅뱅 우주론은 빅뱅이 일어나 우주가 시작된 후 계속 팽창하고 있다는 이론이다. 반면 정상 우주론은 우주가 팽창하는 동안 계속 물질이 생성되어 우주는 항상 같은 밀도를 유지한다는 이론이다.

빅뱅 우주론에 의하면, 우주의 크기는 계속 커지고 있으나, 그 질량은 일정하다. 반면 정상 우주론에 의하면 우주의 크기는 계속 커지고 있고, 그 질량 또한 증가하고 있다. 즉 빅뱅 우주론에선 우주의 밀도는 감소하지만, 정상 우주론에선 우주의 밀도는 유지된다.

이런 주장은 빅뱅 우주론에서는 우주의 온도가 감소하고 있고, 정상 우주론에선 우주의 온도가 일정하다는 것으로 이어진다.

이런 문장을 100번 필사하거나, 각 단어의 앞글자만 기억하는 건 효과적이지 않다. 결국 그런 암기법을 사용하더라도, 처음엔 정보를 범주화하는 게 우선이다. 여기선 '빅뱅 우주론'과 '정상 우주론'이라는 대립으로 글이 진행된다. 그리고 쟁점은 우주의 '크기', '질량', '밀도', '온도' 이렇게 4가지다. 정보의 종류를 인식하고 나면, 글 전체를 다음과 같이 표로 정리해볼 수 있다.

쟁점	빅뱅 우주론	정상 우주론
우주의 크기	팽창	팽창
우주의 질량	일정	증가
우주의 밀도	감소	일정
우주의 온도	감소	일정

이처럼 정보를 '범주화'하고 보기 좋게 '이미지'로 만든다. 그다음에 '이해'를 해볼 수 있다. 이건 다음 챕터의 주제이지만, 여기서 간단히 살펴보자. 표의 내용을 한 줄씩 이해해보자.

• **우주의 크기**: 두 우주론에서 모두 우주는 계속 팽창하고 있다고 설명한다. 이는 우리 상식과도 부합한다. 따라서 따로 외우지 않아도 된다.

• **우주의 질량과 밀도**: 먼저 두 우주론의 '이름'에 대해 고민해보자. 이름을 통해 의미를 유추할 수 있으면 외울 양이 줄어든다.

'정상 우주론'에서 '정상'은 '정할 정(定)'에 '항상 상(常)'을 사용한다. 그래서 '항상 고정된 상태'를 뜻한다. 무엇이 고정되었다는 뜻일까? 본문을 다시 살펴보면 '항상 같은 밀도'를 유지한다는 이론이다. 즉 '정상 우주'는 '밀도가 일정한 우주'다.

'질량 = 크기×밀도'라는 공식을 생각해보자. 크기가 증가하고 밀도가 일정하면, 당연히 질량은 증가한다. 그래서 정상 우주론의 우주 질량은 증가하는 것이다.

반면 '빅뱅 우주론'은 우주가 작은 점에서 시작해서 팽창한다는 이론이다. 하나의 점이 크기만 점점 커지는 것이다. 당연히 질량은 일정하고, 밀도는 줄어들 것이다. 이렇게 질량과 밀도는 각 우주론의 이름과 정의에서 유추할 수 있다.

• **우주의 온도:** 온도는 밀도와 비례할 거라고 생각했다. 나만의 추론이다. 열에너지의 밀도가 높으면 온도가 높다는 이미지를 상상했다. 완전히 과학적인 설명이 아닐지라도, 내가 떠올리기 쉬운 논리면 충분하다. 본문에서도 이유까지는 설명하지 않았기 때문이다.

이제 표를 보지 않고 정보를 떠올려보자. 빅뱅 우주론은 하나의 점이 계속 팽창해서 우주가 된 것이다. 크기는 증가하고, 질량은 일정하고, 밀도는 감소한다. 정상 우주론은 밀도가 일정한 우주다. 크기는 증가하고, 질량도 증가한다. 그리고 온도는 밀도와 비례한다. 이렇게 모든 내용을 기억했다.

주요 정보를 모두 외웠다면, 키워드를 바탕으로 글을 풀어서 적으면 된다. 서술형 답안을 외우는 것은 문장 전체를 달달 외우는 게 아니다. 그 안에 들어 있는 내용을 외운 후에, 그 내용을 문장으로 풀어 적는 것이다. 채점할 때도 주요 키워드가 포함되었는지를 평가한다.

누군가 범주화를 대신 해준다면?

앞서 본 5가지 예시에선 모두 내가 정보를 범주화했다. 그러나 학생들은 남이 범주화한 결과를 보는 데 익숙하다. 강사님의 판서나 교재의 정리표를 그대로 외운다.

그러나 수동적으로 범주화의 결과만 보는 것과 능동적으로 직접 범주화해보는 것은 다르다. 내가 지식을 묶어볼 때는 '이 지식을 어떤 기준으로 묶었는지'도 머리에 남는다. 반면 남이 정리해놓은 결과를 볼 때는 그런 맥락을 모른다. 그래서 외우기가 더 힘들다.

정보를 스스로 이리저리 범주화해보면 가장 좋다. 그리고 남이 묶어놓은 것을 볼 때는 '어떤 기준으로 범주화했는지' 논리적 흐름을 찾아야 한다. '왜 이렇게 범주화했을까? 나라도 이렇게 했을까?' 고민해야 한다. 교재의 목차도 그렇게 봐야 한다. 목차에서 범주화한 방식이 나의 배경지식과 자연스러운지 따져봐야 한다.

예시 6) 한국사 교과서의 목차를 살펴보자.

(1) 백제의 성장과 멸망

   ① 백제의 성립과 발전

   ② 백제의 전성기

   ③ 백제의 중흥

   ④ 백제의 멸망

(2) 신라의 성장

   ① 신라의 성립과 발전

   ② 신라의 전성기

(3) 신라의 삼국통일

가장 큰 목차부터 보니 주제가 2개로 나뉜다. '백제'와 '신라'를 공부해야 한다. 우선 '백제'부터 살펴보자. 백제는 4단계로 나뉜다 (성립/발전, 전성기, 중흥, 멸망). 하필 이렇게 나뉘는 이유를 고민해봐야 한다. 모든 지식을 내가 범주화한다는 생각으로 접근해보자.

'중흥을 왜 굳이 따로 분류했을까? 처음-중간-끝, 이렇게 나누면 안 되나?'

그래서 '중흥'이 무슨 뜻인지 찾아봤다. '가운데 중(中)'에 '일어날 흥(興)'을 쓴다. '쇠퇴한 후 다시 흥한다'라는 뜻이다.

'백제는 전성기 후에 국력이 약해졌다가 다시 강해졌구나. 그래서 전성기와 중흥을 따로 분류했구나.'

다음으로 '신라'를 살펴보자. '신라의 성장'과 '신라의 삼국통일'이 서로 다른 목차로 구분되어 있다. 그런데 나는 이 둘을 묶는 게 자연스러울 거 같다.

'통일도 결국 신라가 한 거니까, 신라의 하위목차로 넣는 게 좋겠는데?'

그래서 성립/발전-전성기-통일, 이렇게 목차를 수정했다.

(1) 백제의 성장과 멸망

　① 백제의 성립과 발전

　② 백제의 전성기

　③ 백제의 중흥

　④ 백제의 멸망

(2) 신라의 성장과 통일

　① 신라의 성립과 발전

　② 신라의 전성기

　③ 신라의 삼국통일

이런 구조를 '백제'와도 비교해보면 좋다.

'신라는 백제랑 다르게 '중흥'이 없네? 신라는 점진적으로 발전해

서 통일까지 이뤘군. 그래서 전성기 다음에 통일로 넘어가는구나.'

이렇게 남이 범주화한 것을 곱씹어보면 그 밑에 깔린 맥락을 추론할 수 있다. 범주화가 자연스럽지 않다는 생각이 들 때도 있다. 그럴 땐 나에게 자연스럽도록 수정하면 된다. 범주화에는 절대적인 정답이 있는 게 아니고, 내가 떠올리기 쉬워야 한다.

교재의 목차뿐만이 아니다. 모든 지식의 구조를 뜯어봐야 한다.

'이 문제가 왜 이 단원에 들어 있지? 다른 단원에 들어가면 안 되나?'

'이 표는 왜 A랑 B만 비교하고 있지? C도 같이 비교하면 좋을 것 같은데.'

이렇게 능동적으로 정보를 묶어보는 과정에서 지식 간의 연결이 강화된다.

CHECK POINT

○	외우고 싶은 내용을 준비하고 범주화해보자.
○	범주화 이후에 외워야 할 부분은 무엇인가? 어떻게 외울 수 있을까?
○	남이 범주화한 결과(목차, 표)를 꼼꼼히 살펴본 후 생각해보라. 내가 범주화해도 같은 결과가 나왔을까? 어느 쪽이 더 효율적일까?

스스로 암기 내용을 범주화할 때, 암기 분량은 확연히 줄어든다.

이해로 암기량을
최소화하는 법

지식을 기억하는 방법은 크게 두 가지로 구분할 수 있다. 나의 기존 지식을 활용하는 방법, 그리고 활용하지 않는 방법. 배경지식을 활용해서 기억하는 법을 '이해'라고 한다. 그리고 배경지식을 활용하지 않고 기억하는 법을 '암기'라고 한다. 이해와 암기는 같은 목적을 위한 다른 수단인 셈이다. 그리고 여러 연구는 이해가 암기보다 뛰어난 방법임을 입증했다.

　예를 들어, 기억을 '물감'에 비유해보자. 나는 오늘 보라색을 배웠디. 이때 보라색을 사용하는 방법은 두 가지다. 빨강과 파랑을 섞어 보라를 만들 수도 있고, 보라색 물감을 따로 살 수도 있다. 다음 날에는 갈색을 배웠다. 이때도 갈색을 사용하는 두 가지 방법이 있다. 빨강, 파랑, 노랑을 2대 1대 1로 섞어서 갈색을 만들 수 있다. 아니면 갈색 물감을 구매할 수도 있다.

원래 물감으로 새로운 색을 만드는 사람은 매번 물감을 추가할 필요가 없다. 가지고 있는 색을 활용하는 법만 익히면 된다. 반면 원래 물감을 활용하지 못하는 사람은 계속 새로운 물감을 추가한다. 나중엔 수백 개의 물감을 가지고 다녀야 할지도 모른다. 그리고 잃어버린 물감이 없는지 자주 확인해야 한다.

이것이 이해와 암기의 차이다. 이해하는 학생은 배경지식으로 새로운 지식을 해석한다. 그런데 암기하는 학생은 매번 새로운 지식을 머릿속에 추가한다. 암기법이 자꾸 새로 생기고, 결국 수백 개의 암기법을 보관해야 한다. 또한 많은 암기법을 잊지 않으려고 계속 복습해야 한다. 하나의 내용을 진득하게 고민할 시간이 사라지고 이해와는 점점 멀어진다.

이러한 이유로 항상 이해를 먼저 시도해야 한다. 그리고 끝내 이해하지 못한 내용만 암기로 접근해야 한다. 그렇다면 이해는 어떻게 할 수 있을까? 지금부터는 그 방법을 구체적으로 배워보자.

내가 아는 단어로 표현해야 이해가 쉽다

지식을 이해하는 대표적인 방법은 '내 언어'로 표현해보는 것이다. 나에게 익숙한 개념으로 새로운 지식을 설명한다는 의미다. 이건 가지고 있던 물감으로 새로운 색을 표현해보는 행위와 같다.

이는 전통적으로도 유명한 공부법으로, 리처드 파인만과 아인슈타인이 제시한 방법이기도 하다. 파인만은 다섯 살 아이도 이해하도록 설명해보라고 했다. 아인슈타인은 할머니도 이해할 수 있게 설명하라고 했다.

그렇게 설명할 수 있어야 제대로 '이해'한 개념이다. 다만 책의 표현을 그대로 외워서 설명하면 안 된다. 그건 이해가 아니라 암기다. 나의 표현으로 바꿔서 설명할 수 있어야 한다.

설명하다가 막히는 부분이 생긴다면 개념에 빈틈이 있다는 신호다. 이 부분을 정확히 포착하고 파고들어야 한다. 그런데 많은 학생이 여기서 대충 뭉개고 넘어간다.

"아는 건데 잠깐 생각이 안 났네."

이렇게 애매하게 이해한 부분이 더 위험하다. 알고 있다고 착각해서 보충 공부를 하지 않기 때문이다. '애매하게 이해한' 부분을 날카롭게 느껴야 한다. 애매함을 찾고 보완하는 것이 깊이 있는 이해를 위한 핵심 기술이다.

애매한 부분을 극복하는 과정을 마치 보물을 수집하는 느낌으로 접근해야 한다. 기출문제나 기본서를 뒤적거리면서 빈틈을 메우는 과정. 그때가 실력이 올라가는 순간이다. 그때가 눈이 가장 반짝거려야 할 시점이다.

그런데 대부분 이런 과정을 생략한다. 차라리 그 시간에 다른 문제를 더 보고 싶은 조급함 때문이다. 공부에선 양도 중요하지만 깊이도 필요하다. 연습할 때부터 내 사고를 모조리 분해하고 다듬어야 한다. 그래야 공부한 게 내 지식이 되고, 실전에서 자유자재로 활용할 수 있다.

처음 이렇게 공부해보면 막히는 부분이 많다. 그동안 제대로 이해하지 않고 공부했다는 증거다. 어디서 주워들은 내용과 희미한 잔상만으로 문제를 풀어온 것이다. 이런 실력은 언제라도 무너질 수 있다. 오래 걸리더라도 개념을 하나씩 정복해나가야 한다.

공부한 걸 떠올려보고, 불확실하게 이해한 부분을 찾는 과정은 에너지 소모가 크다. 그래서 오래 지속하기 힘들다. 그러나 내 경험상 그런 상황에서의 태도가 성적에 결정적인 영향을 미친다.

공부를 잘하는 아이들은 공부한 것이 생각나지 않을 때 오히려 즐기는 듯하다. 골똘히 생각하고 섣불리 책을 펼쳐보지 않는다. 할 수 있는 데까지 추론이라도 한다. 그렇게 하고도 떠오르지 않을 때 다시 책을 찾아본다. '애매함'을 탐지한 지금이 실력을 높일 타이밍이라는 걸 아는 것이다.

개념의 명칭을 파고들 것

'이해'하기 위한 또 하나의 방법이 있다. 개념의 이름을 파고드는 것이다. 새로운 영역을 공부하면 그 분야의 전문용어가 등장한다. 의학을 공부할 때도 처음엔 의학용어 때문에 고생한다. 용어는 모든 개념을 설명하는 기초가 된다.

그래서 용어를 어떻게 받아들이느냐가 추후 공부에 크게 영향을 미친다. 학문적인 용어는 그 이름 자체에 들어 있는 내용이 많다. 그래서 용어만 잘 이해해도 외울 양이 줄어든다. 가령 다음의 예시를 외워보자.

예시 1) 근육의 구분

사람의 근육은 골격근, 심장근, 내장근으로 구분된다. 골격근은 의지대로 움직일 수 있어 '수의근'이라 부른다. 또한 골격근은 현미경으로 관찰하면 줄무늬가 반복되는데, 이를 '가로무늬근'이라고 부른다. 반면, 심장근은 자율적으로 조절되는 '불수의근'이며, '가로무늬근'이다. 마지막으로, 내장근은 '불수의근'이며, 현미경에서 줄무늬가 관찰되지 않는 '민무늬근'이다.

3가지 근육(골격근, 심장근, 내장근)을 두 가지 기준(의지대로 움직이는지, 줄무늬가 보이는지)에 따라 설명한다. 정보를 범주화하고, 표

골격근	수의근	가로부늬근
심장근	불수의근	
내장근		민무늬근

형태의 이미지로 정리해보자. 정보를 정돈해두면 이해나 암기에 도움이 된다.

다양한 방법으로 이 표를 외울 수 있지만, 여기선 '이해'를 해보자. 일단 낯선 용어가 나왔으니 그 뜻을 제대로 풀이해보자. 새로운 용어가 나왔을 때는 반드시 그 의미를 명확히 아는 데서 시작해야 한다.

골격근은 '뼈 골(骨)'을 쓴다. 즉 뼈에 붙어 있는 근육이다. 팔, 다리를 움직일 때 쓰는 근육이 모두 골격근이다. 심장근은 말 그대로 심장에 있는 근육이다. 우리 심장이 두근두근 뛰게 하는 근육이다.

내장근은 내장에 있는 근육이다. 이것은 소장, 대장이 꿈틀거릴 때 쓰는 근육이다. 그리고 수의근은 '따를 수(隨)'에 '뜻 의(意)'를 쓴다. 즉 '뜻대로 따른다'라는 의미이다. 불수의근은 반대로, 뜻대로 움직일 수 없다는 뜻이다.

이렇게 각 단어의 의미를 알면 개념은 저절로 이해된다. 팔, 다리는 우리 뜻대로 움직일 수 있다. 그러니 수의근이다. 반면 심장이나 소장은 우리 마음대로 움직일 수 없다. 그러니 불수의근이다. 모두 이해했으니 암기할 게 없다.

이렇듯 용어를 이해할 때는 그 구성을 뜯어보는 게 기본이다. 한자어는 각 한자의 뜻에서 유추할 수 있다. 영어는 라틴 어원을 분석해서 유추할 수 있다. 이렇게 뜯어보는 게 귀찮고 그냥 뜻을 외워버리고 싶을 수도 있다. 그러나 어원을 풀어보면 풍부하게 의미가 와닿는다. 단어를 감각적으로 받아들일 수 있다.

다음은 가로무늬근과 민무늬근을 이해해보자. 여기선 단어의 뜻을 안다고 이해가 되진 않는다. 그래서 추론을 해봤다.

'왜 골격근과 심장근만 가로무늬가 있을까? 내장근과의 차이가 뭘까?'

내가 떠올린 생각은 골격근과 심장근은 힘이 강하다는 것이다. 내장보다는 팔이나 심장이 강하게 수축한다.

'강하게 수축하는 근육은 튼튼해야겠지. 그래서 마디가 쪼개져 있고, 가로무늬가 보이는구나.'

물론 과학적으로 이해한 것은 아니다. 나만의 '추론'이다. 이렇게 나름대로 추론해보거나 의미를 부여하는 것도 좋다. 나에게 익숙한 맥락으로 기억하는 방법이다. 시험은 외운 결과만 평가하고, 과정은 평가하지 않는다. 맥락이 논리적으로 자연스럽다면, 이해와 같은 효과를 볼 수 있다.

필요한 다른 정보를 탐색해보자

나의 머리로는 도저히 이해되지 않는 지식도 있다. 적당한 추론도 떠오르지 않는다. 이때는 외부 자료를 탐색해야 한다. 나를 이해시켜줄 좋은 설명을 찾아 나서는 것이다. 같은 지식이라도 사람마다 이해하는 방식이 달라서 나에게 적합한 설명을 찾아야 한다.

훌륭한 설명 하나가 수십 개의 암기를 대신해주기도 한다.

그래서 시간을 들여 자료를 찾을 가치가 있다. 인강도 이럴 때 유용하다. 인강을 수동적으로 쭉 듣는 것은 공부 효과는 낮다. 그러나 이해가 안 되는 부분을 찾아 듣는 식으로 이용하는 것은 효율적이다.

고등학교 공부까지는 탐색 범위가 교과서, 참고서를 벗어나지 않는다. 그런데 성인 이후의 공부는 그 범위가 무한하다. 교과서, 논문, 가이드라인 등 끝이 없다. 그래서 나에게 필요한 부분을 정확히 타겟팅해서 탐색하는 능력이 중요하다. 의대에서도 상위권 학생은 빠르게 적절한 설명을 찾아서 이해하는 능력이 뛰어나다. 반면 하위권 학생은 정보 탐색에 거부감을 느끼고 그냥 암기하려는 경우가 많다.

예시를 보면서 이야기를 이어나가자. 다음 내용을 외워보자.

예시 2) 뉴런의 구분

척수의 배 쪽에는 원심성 뉴런 다발로 이루어진 전근이, 등 쪽에는 구심성 뉴런 다발로 이루어진 후근이 존재한다. 구심성 뉴런은 감각 기관에서 자극을 받아들여 중추 신경계로 전달한다. 원심성 뉴런은 중추 신경계의 명령을 운동 기관으로 전달한다.

크게 '구심성 뉴런'과 '원심성 뉴런'의 대립으로 글이 진행된다. 키워드 위주로 범주화해보자.

- 원심성: 배, 전근, 운동
- 구심성: 등, 후근, 감각

여기서 낯선 용어를 풀어서 이해해보자.

'원심성'은 '멀 원(遠)'과 '마음 심(心)'을 쓴다. 즉, 중'심'에서 '멀어'진다는 뜻이다. 반면 '구심성'은 '구할 구(求)'와 '마음 심(心)'을 쓴다. 중'심'을 '구'한다. 즉 중심으로 쏠린다는 뜻이다. '운동'은 뇌에서 말단으로 신호가 전달되고, '감각'은 말단의 신호가 뇌로 전달된다. 그러니 마땅히 운동이 원심성이고, 감각이 구심성이라 이해할수 있다.

또한 '전근'에서 '앞 전(前)'을, '후근'에서 '뒤 후(後)'를 쓴다. 그래서 배에 있는 것이 전근, 등에 있는 것이 후근임을 이해할 수 있다. 최소한의 용어만 이해했다면 외울 것은 이렇게 줄어든다.

- 전근: 운동
- 후근: 감각

여기서부터 다양한 암기법을 사용할 수 있다. 가장 흔한 것은 '말 만들기'다. 가령, 네 단어의 첫 글자(전/운/후/감)를 따서, '운전은 감후(으)로'라는 말로 외울 수 있다. 혹은 유사한 발음을 이용해서 '후끈후끈한 감각'(후근-감각)이라고 외워도 된다. 이런 것은 '변환' 암기법으로 뒤(176쪽)에서 다룰 내용이다.

그러나 이런 '변환'을 사용하지 않고, 마지막까지 '이해'로 밀어 붙일 수도 있다. 그러려면 이해시켜줄 설명을 탐색해야 한다. 예를 들어, 강의에서 이런 설명을 찾았다. 사실 과학적으로 정확한 설명은 아니지만 고등학교 수준에선 문제가 되지 않는다.

전근과 후근의 진화 과정을 살펴보자. 동물은 위협을 받으면 본능적으로 몸을 웅크린다. 이는 외부로부터의 충격을 최소화하는 방어 메커니즘이다. 그래서 동물은 등 뒤의 자극에 대비하기 위해 감각신경이 후근에 위치하도록 진화했다.

이런 설명을 읽었다면, 몸을 웅크리고 방어하는 동물의 이미지를 떠올릴 수 있다. 등에 있는 '후근'이 '감각'을 담당하는 이유가 이해된다. 혹시 나중에 잊어버리더라도 추론해서 떠올릴 수 있다.

"동물이 어떻게 진화했더라? 위험 상황엔 웅크리니까 감각이 등에 있겠네."

인위적으로 만든 암기법은 한 번 잊어버리면 되살리기 힘들지만, 이해한 지식은 상대적으로 복원하기 쉽다.

이해를 포기해야 하는 상황도 있다

가장 이상적인 공부는 모든 내용을 이해하는 것이다. 즉, 기초적인 개념만으로 책에 있는 문장을 모두 설명할 수 있는 상태다. 수학의 모든 공식을 공리로부터 유도하는 식이다. 빨강/파랑/노랑 물감만으로 모든 색을 만들어 쓰는 것과 같다. 그러나 이는 현실에선 불가능에 가깝다. 시간적으로나 능력적으로나 한계가 있다. 그렇다면 우리는 어떤 상황에서 이해를 포기해야 할까?

첫째로, 이해가 비효율적일 땐 포기해야 한다. 대표적으로 학생 수준을 한참 뛰어넘는 내용은 이해를 포기해야 한다. 예를 들어 고3학생이 '왜 혈당이 높아지면 인슐린이 분비되는지' 궁금해졌다. 이 의문을 해결하려면 고등학교 교과서 수준을 벗어나 전공 교재나 논문을 찾아야 답이 나온다.

그런데 수능을 준비하는 학생이 이렇게까지 이해하는 게 바람직할까? 이는 능동감각은 높지만, 목적감각이 낮은 행동이다. 수능을 위해서라면 '혈당이 높아지면 인슐린이 분비된다'라는 명제를 어떻게든 기억하면 된다. 그냥 암기하는 게 쉽고, 이해하는 게 오히려 비효율적이다. 정 궁금하면 시험이 끝난 뒤에 찾아보면 된다.

이외에도 이해보다 암기가 효율적인 상황이 종종 있다. 이해를 바탕으로 떠올리면 시간이 오래 걸려서, 차라리 암기하는 게 나을 때가 있다. 수학 공식이 대부분 그렇다. 문제를 풀려면 어쩔 수 없이 암기해야 한다. 시험장에서 공식을 유도할 시간이 없다.

둘째로, 뚜렷한 이유나 논리가 없는 지식이 있다. 대표적인 것이 사람의 이름이다. 이름 같은 고유명사, 사건의 연도, 통계 수치 등에는 이유나 논리가 없다. 애초에 이해할 수 있는 지식이 아니다. 이런 것은 범주화만 하고 다른 암기법을 써야 한다. 그러나 섣불리 판단하면 곤란하다. 진짜 이해할 수 없는 지식인지 충분히 추론하고 탐색해봐야 한다.

마지막으로, 시험이 얼마 남지 않았을 때는 깊은 이해를 포기해야 한다. 그때까지 이해하지 못한 개념은 수단과 방법을 가리지 않고 암기해야 한다. 공부 초반에는 깊은 이해를 추구해야 하지만, 시험 직전에는 그러면 안 된다. 나는 10일간 시험을 준비한다면, 9일간은 범주화와 이해에 집중하고 마지막 6시간은 암기에 '올인'했다. 이해가 되지 않아도 무작정 외웠다. 9일간 충분히 이해해뒀기에 암기할 양이 그렇게 많지는 않았다.

CHECK POINT

◯	외울 내용을 쉬운 표현으로 설명해보라. 본인만의 추론이 포함되어도 좋다.
◯	설명하다 막히는 부분을 찾아보라. 그 부분을 어떻게 이해할 수 있을까?

이해할 내용과 암기할 내용을 구분할 근거가 자신 안에 있어야 한다.

외우지 않아도
외워지는 노하우

'이해'는 좋은 공부법이지만, 이해할 수 없는 상황도 있다. 이때 사용하는 암기법이 '변환'이다. 이는 외워야 할 것을 외우기 쉬운 형태로 바꿔서 외우는 방법이다. 이미지, 외우기 쉬운 문장, 노래 등으로 바꿀 수 있다.

변환 암기법이란?

가장 흔히 사용되는 방법은 '두문자 암기법'이다. 외울 개념의 앞글자만 모아서 외우는 방법이다. 조선시대 왕의 이름을 '태정태세문단

세'라고 외우거나, 원소 주기율표를 '수헬리베붕탄질산'으로 외우는 식이다. 많은 단어를 외우는 대신, 이 주문 하나만 외우면 된다.

혹은 노래로 바꿔서 외울 수도 있다. 나는 고등학교에서 일본어 숫자 '이치 니 산 욘 고 로쿠 나나 하치'를 노래로 배웠다. 또 영화 〈기생충〉에서도 이런 암기법을 볼 수 있다. 등장인물이 거짓 신원을 외우기 위해 '제시카 외동딸 일리노이 시카고'를 '독도는 우리 땅' 노래의 리듬에 맞춰 부른다.

이외에도 창의적인 방법이 많다. 특히 기억력 대회에 나오는 선수들은 갖가지 변환을 사용한다. 원주율(3.14…)의 소수점 수백 자리를 춤으로 바꿔서 외우는 선수도 있었다. 각 숫자를 몸동작으로 치환한 뒤에 춤으로 만든 것이다.

그러나 이런 것들은 시험공부에 적합한 변환은 아니라고 생각한다. 이 책에선 시험공부에서 보편적으로 활용하기 쉬운 변환만을 정리했다. 여기에는 크게 3가지 방식이 있다. '말 만들기', '이미지 만들기', '규칙 만들기'가 그것이다.

1. 말 만들기

'말 만들기'는 원래 외울 대상을 '외우기 쉬운 말'로 변환하는 방법이다. 대표적인 것이 '두문자 암기법'이다. 앞글자만 따서 조합하는 방식이라 직관적이다. 이건 단어나 문장을 외우는 모든 상황에 적용할 수 있고, 외울 양도 확 줄어든다. 적당한 말을 만드는 작업이 꽤 재미있기도 하다.

그러나 몇 가지 단점이 있다. 앞글자만 보고 원래 단어가 떠오르지 않는 경우가 있다. 혹은 다른 단어와 헷갈릴 수도 있다. '태정태세문단세'에서 '태조'와 '태종'이 헷갈린다든가, 주기율표의 '알규인황염아칼칼'에서 '칼륨'과 '칼슘'이 헷갈리는 것이다. 긴 문장을 한 글자로 압축한 경우는 원래 문장을 떠올리기 더 힘들다. 그리고 '말 만들기' 개수가 많아질수록 서로 간섭을 일으켜서 기억을 방해한다.

반면 두문자 암기법이 효과적인 경우도 있다. 많은 단어를 순서까지 정확히 외워야 할 때는 이만큼 좋은 암기법이 없다. 그래서 주기율표나 조선의 왕 이름을 외울 때는 흔히 두문자 암기법을 쓴다.

의대생들은 실습시험(CPX)에서 두문자 암기법을 활용한다. 이 시험에서는 제한 시간 내에 환자에게 채점 항목을 순서대로 빠짐없이 물어봐야 한다. 실습시험 특성상 고민할 시간이 없다. 긴장감이 심해서 이해하더라도 버벅거릴 가능성이 있다. 그래서 질문 리스트를 두문자 암기법으로 외운다.

예시 1) 실습시험에서 공통으로 물어볼 사항은 다음과 같다.

증상 발생 시각(onset), 위치(location), 기간(duration), 경과(course), 이전 경험(experience), 특징(character), 연관 증상(associated), 악화/완화 요인

(factor), 검진(examination), 외과력, 과거력, 약물력, 사회력, 가족력, 여성력

이때 각 단어의 앞 글자를 따서 'OLDCOEXCAFE외과약사가여'라고 말을 만든다. 보통 '올드/코엑스/카페/외과약사가여'라고 끊어서 읽는다. 이것을 반복적으로 되뇌면서 암기한다.

일반적으로는 많은 단어를 외울 때 범주화부터 사용한다. 그러나 순서까지 외워야 할 때는 범주화로 묶으면 순서가 뒤섞여서 힘들다. 이런 경우에는 두문자 암기법이 효과적이다.

앞글자를 따오는 것 외에, 비슷한 발음을 이용하는 방법도 있다. 가령 2482를 '이사빨리'로 외우는 식이다. 앞에서도 '후근 = 감각'을 '후끈후끈한 감각'이라고 외우는 예시를 봤다. 이 방법으로 다음의 예시를 외워보자.

예시 2) 전자 현미경의 특징

주사 전자 현미경(SEM)은 산란된 전자를 이용해서, 표면의 3차원 이미지를 얻는다. 반면, 투과 전자 현미경(TEM)은 투과된 전자를 이용해서, 내부의 2차원 이미지를 얻는다.

'주사'는 '달릴 주(走)'에 '살필 사(査)'를 쓴다. 즉 '표면을 달리며 조사한다'는 뜻이다. 그리고 SEM에서 S는 scanning이고, TEM에서 T는 transmission(투과)이다. 이 사실을 알면 충분히 이해할 수

있다. 그러나 이해하지 못했다고 가정하고, '말 만들기'로 외워보자.

- SEM: 주사: 3차원
- TEM: 투과: 2차원

이 키워드를 외우는 것이 핵심인데, 다음과 같이 비슷한 발음을 활용해보자.

- SEM: Sㅜ사: S—리디(3D)
- TEM: Tㅜ과: Tㅜ디(2D)

S와 ㅈ/ㅅ, T와 ㅌ의 발음 유사성을 이용한 것이다.

예시 3) 비타민 결핍증

A: 야맹증, B: 각기병, C: 괴혈병, D: 구루병, E: 불임

비슷한 발음을 이용해 다음과 같이 말을 만들어볼 수 있다.
"얘야 비가 온다. 쎄게 온다. 대구에도 온다. 이불 걷어라."
"얘야(A야) 비가(B각) 온다. 쎄게(C괴) 온다. 대구(D구)에도 온다. 이불(E불) 걷어라."
이것은 내게 공부법을 배운 학생이 알려준 암기법이다. 이걸

10년 전 과학 시간에 배웠는데 지금까지도 기억하고 있다고 한다. 나 또한 9년 전 문법 시간에 배운 노래가 아직도 간혹 머릿속을 지나간다. 뇌리에 박힌 암기법은 이만큼 오래 기억되기도 한다. 그러나 이런 암기법을 만드는 건 '창작'의 영역이다. 번뜩이는 영감이 필요하다. 또한 사람마다 뇌리에 박히는 정도도 다르다.

따라서 이런 암기법을 만나는 것은 감사한 일이다. 그러나 직접 만들려고 오래 고민하거나 좋은 암기법을 찾아 헤매는 것은 시간과 노력이 많이 들어가므로 크게 추천하지는 않는다.

2. 이미지 만들기

'이미지 만들기'는 외울 내용을 '이미지'로 바꿔서 기억하는 방법이다. 글자보다는 이미지가 기억하기 쉽다. 초등학교 칠판에 적혀 있던 글씨는 기억이 안 나도, 교실의 전체적인 풍경은 기억나는 이유다.

이미지로 바꿔서 기억하는 게 낯설 수도 있다. 그러나 외울 양이 누적되면 차이가 극명히 드러낸다. '말'을 100개 외우는 것보다 '이미지' 100개를 외우는 게 쉽다.

예시 4) 스테로이드의 부작용

① 달덩이처럼 둥근 얼굴 ② 얇은 피부 ③ 복부 비만 ④ 얼굴 여드름 ⑤ 다리 멍 ⑥ 목 뒤 피하지방 ⑦ 다리 근력 약화

이런 정보는 '이해'하기 힘들다. 물론 불가능한 것은 아니다. 자료 조사를 해보면 각각의 부작용에 이유가 있을 것이다. 그런데 학생 수준의 시험을 치기 위해선 '암기'가 더 효율적이다.

그런데 '말 만들기'는 쉽지 않다. '달얇복얼다목다'처럼 앞글자들로 적당한 말을 만들기 힘들다. 억지로 만들더라도 헷갈리기 쉽다.

"복? 복부 비만이었나, 복부 멍이었나?"

"다? 2개였는데 각각 뭐였더라."

우선 정보를 범주화해보자. 많은 개수를 외울 때는 주로 범주화부터 한다. 분류하는 방식은 무수히 많다. 나에게 자연스러운 기준으로 하면 된다. 나는 신체 위치에 따라 분류해보겠다. 머리부터 발끝으로 가는 순서다.

- 얼굴: 둥근 얼굴, 여드름
- 목: 목 뒤 피하지방
- 복부: 비만
- 다리: 멍, 근력 약화
- 전신: 얇은 피부

여기서 좀 더 묶어보자. '얼굴'과 '목'은 위치상 가까우니 하나로

묶자. 그리고 '얇은 피부'는 원래 전신 증상이지만, 편의를 위해 '복부'에 함께 묶자. 복부에 살이 찌면서 피부가 얇아지는 이미지를 생각하면 자연스럽다.

- 얼굴/목: 둥근 얼굴, 여드름, 피하지방
- 복부: 비만, 얇은 피부
- 다리: 멍, 근력 약화

이제 7개를 외우는 과제가 2~3개를 외우는 일로 바뀌었다. 여러 번 되뇌거나 '말 만들기'로 외울 수 있다. 그러나 여기선 '이미지'를 만들면 더 좋다. 장면으로 떠올리기 쉬운 정보이기 때문이다. 다음과 같은 그림을 상상해보거나 옆에 메모해두는 것이다.

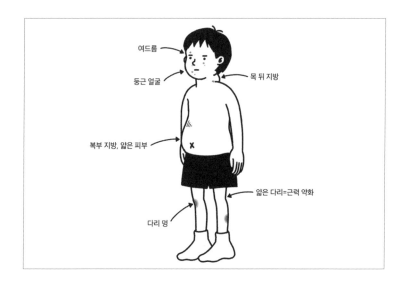

미리 범주화했기 때문에 각 부위의 특징이 3개/2개/2개임을 안다. 그게 힌트가 되어서 떠올리는 데 도움을 준다. '범주화'와 '이미지 만들기'는 상호 보완적으로 작용할 때가 많다.

'이미지 만들기'는 이렇게 그림으로 그리기 쉬운 정보에만 쓸 수 있을까? 그렇지 않다. 꼭 선명한 한 폭의 그림을 그려야 하는 것은 아니다. 그 위치 관계만 표현하는 것도 도움이 된다. 다음의 예시를 통해 살펴보자.

예시 5) 식물의 분류

식물은 선태식물, 양치식물, 종자식물로 구분한다. 종자식물은 겉씨식물과 속씨식물로 구분한다. 선태식물과 양치식물은 포자로 번식하며, 종자식물은 종자로 번식한다. 선태식물은 관다발이 없다. 반면, 양치식물은 관다발이 있고, 형성층은 없다. 겉씨식물은 관다발이 있고, 형성층도 있다. 속씨식물은 다시 외떡잎식물과 쌍떡잎식물로 구분되는데, 외떡잎식물은 관다발이 있고 형성층은 없다. 반면, 쌍떡잎식물은 관다발이 있고 형성층도 있다.

복잡한 정보의 나열이라 정돈할 필요가 있다. 우선 범주화해보자. 식물의 종류에 5가지(선태, 양치, 겉씨, 외떡잎, 쌍떡잎)가 있다. 특징에 3가지(번식, 관다발, 형성층)가 있다. 이를 표 형태로 나타내보자.

		번식	관다발	형성층
선태식물		포자	없음	–
양치식물			있음	없음
겉씨식물		종자		있음
속씨식물	외떡잎			없음
	쌍떡잎			있음

여기서 각각의 글자를 외우는 대신, 위치 관계만 기억해보자. 머릿속에 다음과 같은 이미지가 떠오르면 된다. 잠시 눈을 감고 떠올려보자. 5×3=15개의 단어를 외우는 것보단 쉬울 것이다.

	번식	관다발	형성층
선태식물			–
양치식물			
겉씨식물			
외떡잎			
쌍떡잎			

하지만 각 칸에 무엇이 적혀 있었는지 헷갈릴 수 있다. 이때는 '위에 있는 식물이 진화가 덜 되었다'라는 맥락을 기억하자. '포자',

'관다발 없음', '형성층 없음'이 위쪽에 들어감을 추론할 수 있다. 이렇게 정보를 범주화하고 위치를 이미지로 기억하는 방법은 활용도가 높다.

시험 직전까지 외우지 못한 정보를 한 장에 모아놓고 외우는 경우가 있다. 이때도 같은 원리가 활용된다. 암기장을 계속 보다 보면, 어떤 단어가 어디에 적혀 있었는지 외워진다. 위치를 통해 기억을 떠올리는 것이다. 비슷한 종류의 정보끼리 모아두면 더 좋다. 이것도 위치로 정보를 기억하는 암기법으로, 시험 직전에 활용하기 좋다.

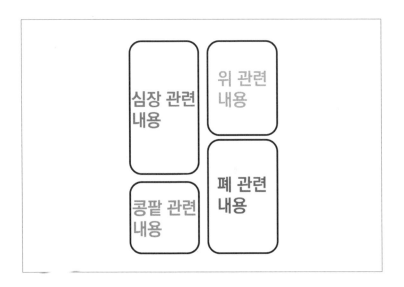

3. 규칙 만들기

마지막으로 '규칙'을 만드는 암기법이 있다. 가령 1/5/9/13/17이라는 정보는 '첫 숫자는 1이고, 거기서 4씩 더함'이라는 규칙으로 요약할 수 있다. 그러면 외울 대상이 5개에서 2개로 줄어든다. 이처럼 규칙만 찾으면 외워야 할 양을 줄일 수 있다. 예시와 함께 보자.

예시 6) 고지혈증 환자 치료 목표

	치료 목표	
초고위험군	LDL < 55	non HDL < 85
고위험군2	LDL < 70	non HDL < 100
고위험군1	LDL < 100	non HDL < 130
중등도위험군	LDL < 130	non HDL < 160
저위험군	LDL < 160	non HDL < 190

정보가 많고 이미 범주화는 되어 있다. 이해할 수 있는 정보는 아니라서 암기해야 한다. 그런데 숫자를 살펴보니 위로 갈수록 30씩 줄어드는 게 보인다. 마지막엔 15만큼만 줄어든다. 오른쪽 숫자와 왼쪽 숫자의 차이도 30으로 일정하다. 따라서 다음과 같이 규칙으로 정리할 수 있겠다.

① non HDL은 LDL보다 30이 크다

② 저위험군에서 LDL은 160이다.

③ 한 단계 올라갈 때마다 30이 줄어드는데, 마지막에만 15가 줄어든다.

규칙 만들기는 숫자를 외울 때만 적용되는 게 아니다. 활자로 된 정보를 외울 때도 종종 사용된다. 한국사 문장을 외워보자.

예시 7) 조선시대 서인과 동인

조선시대 이이의 학설을 따르는 성리학자를 기호학파라고 한다. 그의 후대 문인들은 서인 세력을 형성하였다. 반대로 이황을 따르는 학자들은 영남학파라고 부른다. 그의 학맥은 동인의 핵심을 이루었다.

여기서 중요 키워드를 뽑아서 범주화해보자.

– 이이: 기호학파, 서인
– 이황: 영남학파, 동인

그런데 내가 기출을 분석하면서 발견한 경향이 있다. 시험에선 늘 이 둘을 섞어서 출제한다. '이이의 학설을 따르는 성리학자를 영남학파라고 한다'라고 제시하는 식이다. 이런 경우에 키워드를 줄줄 읊을 정도로 암기할 필요는 없다. 서로 헷갈리지 않을 정도만 기억하면 된다. 기출 분석으로 암기의 강도를 줄인 것이다.

어떻게 둘을 헷갈리지 않을 수 있을까? 나는 하나의 규칙을 발견했다. '이이/기호학파/서인'은 'ㅇ 받침'이 없다. '이황/영남학파/동인'은 모두 'ㅇ 받침'이 있다. 이응 받침 유무로 두 그룹을 구분할 수 있다.

'이이의 학설을 따르는 성리학자는 영남학파라고 한다'에서 '이이'는 ㅇ 받침이 없는데, '영남학파'는 ㅇ 받침이 있으니 틀렸다고 판단할 수 있다.

변환 암기법은 꼭 필요할 때만 쓰자

변환 암기법은 화려하고 매력적이다. 많은 양을 간단하게 외울 수 있다. 그래서 여러 학생이 변환 암기법에 의존한다. 공부의 시작부터 암기법을 만드는 학생도 있다.

'이걸 외워야 한다고? 앞글자로 말을 만들어보자.'

이런 식으로 생각이 흘러간다. 혹은 암기법을 모아놓은 책이나 사이트를 찾아다니기도 한다. 그러나 길게 봤을 때 **변환에만 많은 시간을 투자하는 것은 경계해야 한다.** 왜 그럴까?

우선 변환 암기법을 남용하면 겉핥기식 공부를 하게 된다. 암기법을 만드는 동안은 개념 자체에 대해 고민하지 못한다. 글자를 이리저리 옮겨볼 뿐이다.

개념에는 논리적인 맥락이 있고, 논리를 이해하면 외울 게 없는 경우도 많다. 그런데 처음부터 글자 껍데기만을 생각하면 글자 너머 의미를 생각할 기회를 빼앗긴다. 지식의 표면에서만 맴돌게 된다. 공부가 아니라 낱말 외우기 게임이다.

이런 공부법을 택하면 필연적으로 금방 기억이 날아간다. 그래서 빠르게 복습해야 한다. 여기서 '복습의 주기'에 대한 공부법이 나온다. "7일마다 복습하세요", "3번 반복하세요"와 같이 수치에 기반한 조언이다.

이는 변환 위주의 공부에서 따라오는 부산물이다. 이해 위주의 공부에선 간격이나 횟수가 중요하지 않다. 오히려 기억이 흐릿해졌을 때 복원하면 더 단단해진다. 한 번만 제대로 이해하면 복습이 필요 없는 경우도 있다.

또한 변환으로 외운 지식은 나의 일부가 되기 힘들다. 이해한 지식은 곧바로 내 사고 과정의 일부가 되어 기능한다. 이건 다른 지식을 이해하는 데에도 사용된다.

이와 달리 변환으로 기억한 것은 여전히 나의 바깥에 있다. 그래서 기억을 소환해내는 데 시간이 걸린다. 이런 건 생각의 재료가 되기 힘들다. 이해는 많이 할수록 무기가 누적되지만, 변환은 많이 할수록 짐이 누적된다.

그래서 기억할 게 많을수록 이해부터 시도해야 한다. 처음엔 시간이 오래 걸려도 장기적으론 그게 시간을 아끼는 길이다. 무턱대고 '변환'하면 암기법에 뒤덮여서 길을 잃는다. 변환하지 말라는 게 아니라, 공부의 순서를 지켜야 한다는 뜻이다. 꼭 필요한 경우에만 변환해야 그 효과가 극대화된다.

CHECK POINT

○	외울 내용을 적절하게 변환해보라.
○	본인의 공부에서 '변환'이 차지하는 비중은 어느 정도인가? '이해'의 비중을 늘릴 수 있을까?

암기해야 할 것이 많을수록 더 많이 이해하려 노력해야 한다.

기억의 빈틈을 찾아 보완하는 기술

시험 직전의 교실 풍경은 늘 비슷하다. 각자 외울 것을 정리한 자료를 보고 있다. 최종적으로 암기를 점검하는 시간이다. 그러나 종이를 눈으로만 읽는 공부는 효과가 낮다. 마음의 안정감은 줄지언정, 기억을 단단하게 만들진 못한다.

이와 달리 종이의 내용을 스스로 떠올려보는 사람은 마지막까지 기억을 강화하게 된다. 이게 바로 '인출' 암기법이다. 즉 내용을 되뇌어서 외우는 방식이다.

인출 암기법이란?

인출 암기법은 주로 암기의 마지막 단계에서 사용한다. 뇌과학 연구에서는 인출의 빈도가 높아질수록 인출 비용이 줄어든다고 한다. 즉 많이 떠올려볼수록 쉽게 떠오른다는 것이다. 미국 의대에서도 공부법 논의가 활발했는데, '능동적 회상(active recall)'이 중요하다는 게 정설이다. 수동적으로 따라 읽고 쓰는 공부법을 추천하는 사람은 없다.

그러나 인출 암기법도 적용하는 시기에 따라 효과가 다르다. 처음부터 문장을 되뇌면서 외우는 건 효과적이지 않다. 그렇게 하면 글자 자체에 익숙해질 뿐이다. 범주화/이해/변환을 적용한 뒤에 떠올려봐야 효과적이다. 만들어둔 연결고리의 빈틈을 찾고, 연결이 단단해지도록 돕는 것이다. 즉 인출은 다른 암기법을 점검하는 용도로 써야 한다. 혹은 다른 암기법을 쓸 수 없을 때 최후의 수단으로 써야 한다.

인출의 원리를 활용한 대표적인 공부법이 'ANKI'라는 프로그램이다(248쪽 참조). 미국 의대생은 대부분 ANKI를 쓴다. ANKI의 원리는 간단하다. 외울 개념을 문제로 만들어 입력하면, ANKI가 그 문제를 나에게 보여준다. 그러면 문제를 보면서 외운 걸 인출해보는 것이다. '답이 얼마나 잘 떠올랐는지'에 따라 복습 간격을 조절해주는 게 ANKI의 장점이다. 잘 외운 문제는 3일 뒤에, 못 외운 문제는 10분 뒤에 다시 보여주는 식이다.

마찬가지로 ANKI도 활용 시점이 중요하다. 개념 전체를 처음부터 ANKI에 입력하면 안 된다. 중요하다고 다 입력해도 안 된다. 시험에 나올 내용인지 고민해보고, 최대한 이해해봐야 한다. 변환 등의 암기법도 사용해봐야 한다. 그러고 나서 남은 내용만 ANKI에 입력하는 것이다. 모든 내용을 '인출'만으로 외울 수 없기 때문이다.

이 간단한 원칙을 지키지 못해서 하소연하는 해외 의대생이 참 많다. "ANKI 문제가 너무 많아서 감당이 안 돼요"라는 글이 커뮤니티에 끊이질 않는다.

인출 암기법의 3단계

외울 내용을 범주화/이해/변환했다면, 이제 점검할 차례다. 내가 설계한 기억을 확인하고, 유지하고, 보수해야 한다. 더 구체적으로는 다음 3단계를 거쳐야 한다.

1단계로 기억의 빈틈을 찾아야 한다. 우리는 지식을 머리에 넣기 쉽게 가공했다. 이제는 가공한 내용을 풀어서 원래 지식을 떠올려야 한다. 그렇게 떠올리다 보면 막히는 부분이 생긴다. 그 지점을 잡아내야 한다.

"두분자는 기억나는 데, 원래 무슨 단어였는지 기억이 안 나네."

이렇게 연결고리가 약해진 부분을 구체적으로 찾아야 한다.

그 부분에서 충분히 고민해보는 게 2단계다. 이는 기억력을 극대화하기 위함이다. 오래 고민하다가 답을 보고 깨달은 문제는 잘 까먹지 않는다. 내용이 잘 떠오르지 않더라도, 곧바로 답을 찾지 말고 고민해보자. 추론할 수 있는 만큼이라도 떠올려보면 좋다.

그래도 떠오르지 않는다면 그 부분을 보완해야 한다. 내가 설계한 기억에 문제가 있다는 뜻이기 때문이다. 이게 마지막 3단계다.

다른 암기법을 만들던가, 다시 고민해서 이해하는 방법이 있다. 그리고 시간이 흐른 뒤에 이 과정을 반복해야 한다. 당장은 기억에 빈틈이 없어 보여도, 나중에 떠올려보면 막히는 부분이 있다. 이렇게 빈틈을 찾고 보완하는 과정을 반복하면서 기억이 견고해진다.

앞에서 보았던 예시를 다시 인출해보자.

예시 1) 스테로이드의 부작용 7가지는?

• **기억의 빈틈 찾기**: 신체의 3가지 부분으로 범주화했었다(머리/배/다리). 각각 3개/2개/2개의 특징이 있었던 것도 생각난다. 만들었던 이미지를 떠올려보자. 다른 것은 다 떠오르는데, 얼굴 특징 하나가 생각이 안 난다.

• **보완하기**: 도무지 기억나지 않아서 답을 봤다. '달덩이 같은 얼굴'이 생각이 안 났다. 이미지에 얼굴을 동그랗게 그렸었는데, 원래 사람 얼굴도 둥그니까 각인이 안 됐나 보다. 동그란 얼굴이 더 두드러지게 그림을 그려놓자. 혹은 실제 환자 사진을 찾아보는 것도

195

기억에 도움이 된다.

예시 2) 고지혈증 환자에서 LDL 치료 목표는?

	치료 목표	
초고위험군	LDL ⟨	non HDL ⟨
고위험군2	LDL ⟨	non HDL ⟨
고위험군1	LDL ⟨	non HDL ⟨
중등도위험군	LDL ⟨	non HDL ⟨
저위험군	LDL ⟨	non HDL ⟨

• **기억의 빈틈 찾기**: 규칙을 만들어서 외웠었다. 표 왼쪽과 오른쪽이 30만큼 차이 났고, 밑에서 위로 올라갈수록 30씩 줄었고, 마지막엔 15가 줄었다. 그런데 저위험군에서 LDL 목표가 얼마인지 기억이 안 났다. 그래서 나머지 표를 메울 수가 없다.

• **보완하기**: 저위험군 목표가 160인 걸 외워야 한다. 계속 헷갈릴 거 같아 따로 암기법을 만들기로 했다. '저'위험군에서 '작다'를 연상하고, 키가 '160'센티미터로 작은 남자를 떠올리자. 비슷한 의미를 이용한 변환이다.

처음엔 내용 전체를 인출하는 데 오래 걸린다. 기억의 빈틈이 많기 때문이다. 하지만 반복할수록 전 범위를 보는 시간이 줄어든다.

그리고 내가 반복적으로 막히는 부분이 어딘지도 보인다.

그런 부분은 끊임없이 반복해야 한다. 심지어는 책을 보지 않을 때도 계속 생각해야 한다. 이동하는 중에도 어려웠던 내용을 머릿속으로 인출할 수 있다. 이런 방식으로 시험 치기 전까지 최소 수십 번 반복해야 한다. 책 전체를 무감각하게 두세 번 읽는 사람과 나의 약점만 수십 번 떠올려본 사람은 현저한 차이가 난다.

CHECK POINT

◯	범주화/이해/변환한 것을 인출해보라.
◯	막히는 부분을 고민하고 보완해보라.
◯	범주화/이해/변환으로 외우지 못한 것을 되뇌면서 외워보라.

암기의 빈틈을 찾고 보완하는 과정에서 기억은 견고해진다.

각 암기법을 사용할 때의 유의점

지금까지 설명한 여러 암기법을 가르치며 다양한 질문을 받았다. 가장 많았던 질문 두 가지와 그 답변을 소개한다. 암기법을 직접 적용해보다가 막힐 때 도움이 될 것이다.

각 단계는 시험 전까지 반복해야 한다

가장 많았던 질문은 '각 단계를 언제 끝내야 하는지'다. 예를 들어 "기출 분석은 몇 주 동안 해야 하나요?", "언제까지 이해를 끝내야 하나요?" 같은 질문이다. 그런데 공부의 과정을 시간으로 구분할 수는 없다. 각 과정은 시험 전까지 반복해서 다듬어야 한다. '아, 여기는 공부할 필요 없었네', '이건 이렇게 이해할 수 있겠네' 같은 깨달

음이 시험 직전에도 올 수 있다. 그게 실력이 늘었다는 증거이기도
하다.

　대략적인 공부의 흐름만 이해하고, 세부적인 계획은 상황에 맞
게 짜면 된다. 바둑 경기의 큰 그림은 미리 그릴 수 있다. 그러나 시
작도 하기 전에 모든 수를 정해둘 순 없다. 상대방의 돌을 보고 그때
그때 판단을 내려야 한다.

상황마다 암기법은 다르다

다음으로 많이 받았던 질문은 "이 내용은 어떻게 범주화하나요?",
"여기선 이미지를 어떻게 만드나요?" 등이다. 이는 공부법에 공부를
끼워 맞추다 보니 생기는 의문이다. 공부법은 공부를 도와주는 역
할을 해야지, 공부를 공부법에 맞추면 안 된다.

　과목이나 개념에 따라서 적절한 암기법은 다르다. 어떤 내용은
범주화가 유용하고, 또 어떤 내용은 말로 설명해보는 게 좋다. 앞글
자로 '말 만들기'가 최선일 때도 있고, 이미지를 떠올려야 할 때도
있다.

　'이럴 때는 규칙을 만들면 되겠다', '이 내용은 범주화, 이미지로
외워야겠다'라는 공부의 감각이 생겨야 한다. 그러기 위해선 여러
번 연습해봐야 한다. 이 책의 매 챕터에 제시된 체크포인트를 열심
히 실행해보길 권한다.

5장

정답 감각을 높이는
'초효율 기출 · 교재 정리법'

시험공부에 최적화된 책 정리 노하우

시험공부는 일반적인 공부와 다르다. 자기계발을 위한 공부에는 마감 기한이 없다. 평생 누적해서 진행된다. 그러나 시험공부는 '정해진 날짜'에 '정해진 분량'을 '적절하게 아웃풋' 해야 한다. 그 끝이 분명하므로, 내 의사와 상관없이 그때까지 끝내야 한다.

자기계발을 위해서라면 내가 원하는 지식을 공부하면 된다. 그러나 시험공부는 합격에 필요한 지식을 공부해야 한다.

자기계발을 위한 공부에서는 아웃풋이 덜 중요하다. 인풋 자체에서 만족감을 느끼는 사람도 많다. 그러나 시험공부에서는 아웃풋이 가장 중요하다. 1년간 공부한 모든 지식을 하루 만에 쏟아내야 한다.

이런 차이 때문에 시험공부를 할 때는 특별한 방식이 필요하다. 시험공부에 최적화된 공부 정리법이 필요하다.

지금까지는 일반적으로 읽고 기억하는 법을 설명했다. 이제부터는 시험공부를 위한 더 정밀한 공부법을 정리해보겠다. 제한된 기간에, 적절한 지식을 학습하고, 필요한 아웃풋을 내려면 어떻게 공부해야 할까?

'중요도' 순으로
'쪼개서' 공부하라

'공부 범위'에 대한 이야기부터 시작하자. 앞에서 기출 분석을 통해 외울 분량을 줄이라고 강조했다. 이런 이야기를 하면 항상 반박 의견이 나온다.

"제가 볼 시험은 기출문제만 보면 떨어져요. 그래서 저는 공부 분량을 줄이는 공부법을 쓸 수 없어요."

그렇지 않다. 결국 넓은 범위를 공부해야 하더라도, 처음엔 좁은 범위부터 공략해야 한다. 가장 중요한 것부터 공부한 뒤에 덜 중요한 것을 공부해야 한다. 그렇게 범위를 넓혀가야 한다.

그냥 처음부터 다 공부하면 되지 않을까? 왜 굳이 일을 복잡하게 만드는 걸까? 중요 개념을 선별하는 데 오래 걸려서 오히려 비효율적인 것 아닐까?

그저 꼼꼼히 공부하는 게 효과적이라 생각할 수도 있다. '그냥 선생님이 가르쳐주는 만큼 복습할래'라고 생각하는 사람도 많을 것이다. 그러나 모든 공부법 전문가는 "중요한 것부터 공부하세요"라고 입을 모아 말한다.

나는 이것을 '일 쪼개기'의 원리로 설명한다. 이 원리를 처음 배운 것은 글쓰기를 하면서였다. 글을 쓰는 데 어려움을 겪던 중 바버라 베이그의 《하버드 글쓰기 강의》라는 책을 읽었다. 그때 도움받은 조언을 아직도 명심하고 있다. '글에 쓸 내용을 떠올리는' 과정과 '글을 다듬는' 과정을 분리하라는 내용이었다.

이전에는 한 문장이 마음에 들 때까지 수정하고 다음 문장을 썼다. 한 단락이 완벽하다고 느껴질 때 다음 단락을 썼다. 그러다 보니 짧은 글 하나를 쓰는 데에도 하루 종일 걸렸다. 그런데 이 조언을 듣고 방식을 바꿨다.

일단 쓰고 싶은 내용을 그냥 휘갈겨 썼다. 물론 맞춤법이나 가독성 등 모든 게 엉망이었다. 내용을 완성한 다음 글을 고치기 시작했다. 글을 고치는 것도 여러 단계로 쪼갰다. 이해하기 쉬운지, 읽기에 편한지, 맞춤법은 맞는지 등을 나눠서 생각했다.

이렇게 '글쓰기'라는 일을 '내용 떠올리기'와 '문장 다듬기'로 나눴다. 그랬더니 능률이 올라갔다. 한 번에 하나만 집중하니까 일이 쉽게 느껴졌다. 자연스레 속도도 붙었다. 글쓰기 자체가 이전보다 쉽게 느껴졌다. 이것이 일 쪼개기의 원리다.

앞서 설명한 독해법에도 일 쪼개기 원리가 적용되었다. '독해'라는 일을 여러 개로 쪼개서 생각했다. 전체 흐름을 이해하고, 결론을 찾아서 읽고, 이해되는 곳부터 읽으라고 했다. 암기법도 마찬가지다. '암기'라는 일을 다섯 단계로 나눠서 수행했다.

이렇듯 하나의 과제에는 여러 일이 얽혀 있다. 이들을 하나씩 떼어내서 따로 처리해야 한다. 그러면 '지금 할 일'이 무엇이고 '다음에 할 일'은 무엇인지 분명해진다. 쓸데없는 행동이 적어지고, 우왕좌왕하다가 시간을 허비하는 일도 줄어든다.

시험공부를 운영할 때도 마찬가지다. 전체 범위를 한 번에 공부하는 대신, 나눠서 공부하면 효과적이다. 그리고 '중요도'를 기준으로 범위를 구분하면 가장 좋다. 중요한 개념부터 공부했을 때 장점이 많기 때문이다.

중요 개념을 확고히 다져놓으면 시험에서 기본 점수를 확보할 수 있다. 기본 문제를 확실히 맞히면 점수 변동이 줄어든다. 그리고 시험에서 중요한 내용은 대부분 과목의 중심 개념이기도 하다. 중심 개념을 잡아두면 이후에 다른 개념을 공부하기도 쉽다. 새로운 개념을 중심 내용에 연결하면서 공부할 수 있다.

그래서 우리는 중요한 내용을 먼저 공부해야 한다. 그다음에 덜 중요한 내용을 공부해야 한다. 단계를 쪼개고, 각 단계의 목표를 명확히 하면 공부에 확신이 생긴다. '이것도 공부해야 할까?', '언제 이걸 공부하지?', '남들은 이것도 공부하겠지?' 같은 내면의 소리에 휘둘리지 않는다. 행동 하나하나에 확신을 가지는 것만으로도 공부의 능률이 올라간다.

어떤 시험은 자료의 구석구석 빠짐없이 외워야 할 수도 있다. 이런 상황이라도 처음부터 모든 걸 공부하면 비효율적이다. 세부적인 내용까지 다 외우겠다고 마음먹으면 심리적 진입장벽이 높아진다.

따라서 결국 마지막엔 모두 외워야 하더라도, 처음엔 굵직한 개념부터 공부해야 한다. 작은 일을 하나씩 해나가다 보면 결국 큰일이 완성된다. 처음부터 큰 목표를 바라보면 포기하거나 좌절하기 쉽다.

시험에 나올 것만
추려내는 법

지금부터 구체적인 공부 과정을 살펴보자. 가상의 예시를 준비했다. 와인과 맥주에 관해 공부한다고 가정해보자. 다음 두 가지 표가 우리의 시험 범위다. 물론 실제 시험에 비하면 터무니없이 적은 분량이지만, 원리를 설명하는 데는 충분하다. 앞으로 계속 만나게 될 테니 다음 표를 가볍게 살펴보고 지나가자.

와인	재배 지역	적정 온도	도수	맛/향
샤르도네	부르고뉴	10~13℃	13~15%	산미
카베르네 소비뇽	보르도	16~18℃	13~15%	바디감

피노 누아	부르고뉴	14~16℃	12~14%	산미
리슬링	모젤	7~10℃	7~10%	산미

맥주	재배 지역	적정 온도	도수	맛/향
라거	바이에른	4~7℃	4~6%	청량감
에일	영국	7~12℃	4~7%	달콤한 향
스타우트	아일랜드	10~13℃	4~8%	곡물 볶은 향
바이젠	바이에른	4~7℃	4.5~5.5%	바나나 향

중요한 개념부터 공부하려면, 각 개념이 얼마나 중요한지 알아야 한다. 개념의 중요도를 결정하는 거의 유일한 기준은 '기출문제'다. 다른 기준은 보조적으로만 사용할 수 있다. 가령 강사가 강조하는 개념도 그 기준이 기출문제에 있을 때만 신뢰할 수 있다. 교재나 문제집의 강조 표시도 기출문제에 기반했을 때 믿을 수 있다.

데이터에 의존하지 않고 감에 의존할수록 신뢰하기 힘들다. 따라서 기출문제에 출제되었던 개념부터 공부해야 한다. 그게 중요한 개념부터 공부하는 방법이다.

예를 들어 최근 10개년 기출문제를 분석한 결과가 다음과 같다.

• 와인 문제는 매년 출제된다(10년간 14번). 반면 맥주 문제는

2~3년에 한 번 출제된다(10년간 4번). → 당연히 와인이 맥주보다 중요하다. 그래서 맥주보다는 와인을 집중적으로 공부하는 편이 효과적이다.

• 와인에서 '리슬링'은 한 번도 출제된 적이 없다. 맥주에서는 '라거'와 '에일'만 출제되었다. → '리슬링' 공부는 후 순위로 미루자. 맥주도 '라거', '에일' 위주로 공부하면 된다.

• 와인과 맥주에서 '적정 온도'는 출제된 적이 없다. 그리고 '재배 지역' 선택지는 매년 출제되었다. → '적정 온도'는 중요하지 않다. 처음부터 이 숫자를 외우는 것은 비효율적이다. 대신 '재배 지역'은 매우 중요하다. 0.1초 만에 튀어나오도록 숙달해야 한다.

이렇게 분석한 내용으로, 개념의 중요도를 나타내면 다음과 같다.

와인	재배 지역	적정 온도	도수	맛/향
샤르도네	**부르고뉴**	10~13℃	13~15%	산미
카베르네 소비뇽	**보르도**	16~18℃	13~15%	바디감
피노 누아	**부르고뉴**	14~16℃	12~14%	산미
리슬링	모젤	7~10℃	7~10%	산미

맥주	재배 지역	적정 온도	도수	맛/향
라거	바이에른	4~7℃	4~6%	청량감
에일	영국	7~12℃	4~7%	달콤한 향
스타우트	아일랜드	10~13℃	4~8%	곡물 볶은 향
바이젠	바이에른	4~7℃	4.5~5.5%	바나나 향

파란색은 가장 중요한 개념이다. 처음부터 공부해야 하고, 충분히 숙달해야 한다. 하늘색은 그보단 덜 중요하다. 이것은 적당히 공부하면 된다. 회색은 중요하지 않다. 일단 공부를 미룰 것이다.

물론 교재에 색깔로 표시하라는 뜻은 아니다. 개념의 중요도가 저절로 체득되어야 한다. 교재를 읽으면 중요한 개념이 강조되어 보일 만큼 기출문제를 분석해야 한다. 기출문제를 분석하는 방법은 뒤에서 자세히 다루겠다.

수험생들을 관찰하면 재미있는 현상이 보인다. 아는 게 적어 보이지만 시험에 붙는 사람이 있다. 반면 모든 걸 아는 것 같은데 매번 떨어지는 사람이 있다. 떨어진 학생은 뭐가 문제였을까?

이런 학생은 아마도 '개념의 중요도'를 생각하지 않았을 것이다. 출제된 적도 없는 개념에는 빠삭한데, 매년 출제되는 개념은 소홀히 한다. 이미 알고 있다고 생각하기 때문이다. 그래서 대화해보면 모르는 게 없다. 모든 개념을 어느 정도는 이해하고 있다. 다만 기본 문제를 신속하고 정확하게 해결하지 못할 뿐이다.

3년째 수험생인 A는 와인과 맥주에 대해 모르는 게 없다. 만일의 상황을 대비해서, 한 번도 출제된 적 없는 '적정 온도'까지 암기했다. '이것까지 공부했는데 떨어지겠어'라며 확신에 차 있었다.

그러나 왜인지 시험 당일에 기본적인 문제들이 헷갈렸다. 그리고 올해도 아쉽게 탈락했다. 이때 A의 머릿속을 색깔로 나타내면 이렇다. 모든 정보를 비슷한 정도로 공부한 것이다.

와인	재배 지역	적정 온도	도수	맛/향
샤르도네	부르고뉴	10~13℃	13~15%	산미
카베르네 소비뇽	보르도	16~18℃	13~15%	바디감
피노 누아	부르고뉴	14~16℃	12~14%	산미
리슬링	모젤	7~10℃	7~10%	산미

맥주	재배 지역	적정 온도	도수	맛/향
라거	바이에른	4~7℃	4~6%	청량감
에일	영국	7~12℃	4~7%	달콤한 향
스타우트	아일랜드	10~13℃	4~8%	곡물 볶은 향
바이젠	바이에른	4~7℃	4.5~5.5%	바나나 향

반면 수험생 B는 1년만 공부하고도 합격했다. B의 머릿속은 다음과 같았다. 힘을 줄 부분과 뺄 부분을 뚜렷이 구분하고 있었다.

와인	재배 지역	적정 온도	도수	맛/향
샤르도네	부르고뉴	10~13℃	13~15%	산미
카베르네 소비뇽	보르도	16~18℃	13~15%	바디감
피노 누아	부르고뉴	14~16℃	12~14%	산미
리슬링	모젤	7~10℃	7~10%	산미

맥주	재배 지역	적정 온도	도수	맛/향
라거	바이에른	4~7℃	4~6%	청량감
에일	영국	7~12℃	4~7%	달콤한 향
스타우트	아일랜드	10~13℃	4~8%	곡물 볶은 향
바이젠	바이에른	4~7℃	4.5~5.5%	바나나 향

B는 맥주에 대해서 거의 모른다. 가끔 출제되었던 '재배 지역'만 암기했다. '적정 온도'는 공부하지도 않았다. 그래서 친구들과 대화를 나누면 불안하기도 했다.

"부럽다. 다른 친구들은 이런 것도 외웠구나."

그러나 B는 휘둘리지 않았다. 매년 출제되는 개념을 훈련하는

데 주력했다. 남들이 볼 때 B는 그리 공부 잘하는 친구가 아니었다.
그러나 1년 만에 합격했다. 사람들은 이렇게 평가할 것이다.

"A는 운이 나빴고, B는 운이 좋았다."

"알고 보니 B가 진짜 천재다."

그러나 사실은 B의 전략이 좋았기 때문이다.

공부의 범위를 넓힐수록, 공부의 질이 낮아진다. 그래서 양과 질
의 균형이 중요하다. 무작정 이것저것 공부한다고 점수가 오르는
게 아니다. 그렇게 공부하는 건 오히려 중요한 개념을 숙지하는 데
방해될 수도 있다.

중심 개념을 다지지 않고 주변으로 뻗어나가기만 하면 안 된다.
일본의 공부법 전문가 우쓰데 마사미는 《0초 공부법》에서 이런 상
황을 '지식의 도넛화'라고 불렀다. 중심은 비어 있고, 주변부만 두꺼
워지는 현상을 도넛에 비유했다. 이는 같은 시험에 몇 번씩 도전하
는 베테랑 수험생이 빠지기 쉬운 함정이다.

이런 이유로 우쓰데 마사미는 "기출문제만 공부하라"라고 강조
한다. 기출문제에 출제되었던 개념만 공부하라는 것이다. 이렇게 하
면 가운데가 빈 도넛 대신, 가운데만 채워진 도넛이 만들어질 것이
다. 그래도 합격에 지장이 없다고 그는 말한다.

그러나 이 부분에서 내 생각은 조금 다르다. 여러 시험을 준비
하는 수험생을 지도하면서 현실은 더 복잡하다는 걸 깨달았다. 기
출문제가 없는 시험도 있고, 기출문제만 학습해서는 충분하지 않은
시험도 있다. 이런 경우에는 어떻게 대처해야 할까?

고득점을 놓치지 않는
4가지 전략

의대에는 "족보부터 보라"라는 조언이 전해 내려온다. 족보는 기출문제와 같은 말이다. 그런데 족보만 봐선 상위권이 되기 힘들다. 변별력 문제를 맞히려면 그 밖의 개념도 알아야 한다. 암기형 시험에서는 남보다 많이 알아야 남보다 고득점을 얻을 수 있다. 그러나 "나는 상위권이 되어야 하니까 모든 걸 외워야지"라는 태도는 곤란하다. 모든 것을 공부하겠다는 전략은, 전략이 없는 것과 같다.

다른 시험도 마찬가지다. 기출문제 학습이 중요하지만, 그 밖의 학습도 필요하다. 경쟁률이 높거나 고득점이 필요한 시험일수록 그렇다. 이때는 객관적인 기준을 가지고 범위를 확장해야 한다.

범위를 좁힐 때는 '기출문제'라는 기준이 있었다. 범위를 넓힐 때도 기준이 필요하다. 그렇지 않으면 외부의 소리에 휘둘린다. 누군가 "이거 중요하대"라고 하면 그것도 공부해야 할 것 같다. 내가 모르는 걸 친구가 알고 있으면 마음이 불안해진다. 남 얘기에 휘둘리다가 공부를 제대로 마무리 짓지 못한다. 그렇다면 공부 범위를 넓힐 때는 어떤 기준을 적용할 수 있을까?

1. 기출문제를 응용해 개념 확장하기

우리는 늘 과거를 통해 미래를 예측한다. 혼자 책 읽고 산책하길 즐기는 사람을 보면 내향적일 거라고 생각한다. 물론 그 사람이 오늘 밤엔 산책하지 않을 수도 있다. 그러나 적어도 시끄러운 파티에 가지는 않을 거 같다고 추측할 수 있다. 과거를 통해 경향성을 파악하고, 미래를 예측하는 것이다. 당연히 틀릴 가능성이 있지만 일리 있는 접근이다.

기출문제 또한 마찬가지다. 똑같은 문제가 다시 나오지는 않을 수 있다. 그러나 경향성을 보고 미래를 추측해볼 수는 있다. 추측은 당연히 틀릴 수 있다. 그러나 아주 의미가 없지는 않다. 아까 분석했던 내용을 다시 살펴보자.

와인	재배 지역	적정 온도	도수	맛/향
샤르도네	부르고뉴	10~13℃	13~15%	산미

카베르네 소비뇽	보르도	16~18℃	13~15%	바디감
피노 누아	부르고뉴	14~16℃	12~14%	산미
리슬링	모젤	7~10℃	7~10℃%	산미

맥주	재배 지역	적정 온도	도수	맛/향
라거	바이에른	4~7℃	4~6%	청량감
에일	영국	7~12℃	4~7%	달콤한 향
스타우트	아일랜드	10~13℃	4~8%	곡물 볶은 향
바이젠	바이에른	4~7℃	4.5~5.5%	바나나 향

　와인에서 '리슬링'은 한 번도 출제되지 않았다. 그러나 나머지 세 종류의 와인이 모두 출제되었다. 만약 출제자가 새로운 개념을 묻고 싶다면, 남은 하나인 '리슬링'을 출제할 수도 있다. 다만 과거의 경향성을 봤을 때, 다른 정보보다는 '재배 지역'을 물을 가능성이 높다. 따라서 '리슬링'의 '재배 지역'은 출제될 가능성이 있다고 예측할 수 있다.

　또한 지금까지 맥주에서는 '재배 지역'만 출제되었다. 그러나 와인에선 '재배 재역' 외에 '도수'와 '맛/향'까지도 출제되었다. 그러므로 앞으로 맥주에서도 이런 경향이 적용될 수 있다. 그러니 '라거'와 '에일'에서 '도수'와 '맛/향'까지도 공부해보자. 이런 추론을 거쳐서 다음과 같이 공부 범위를 넓혔다.

와인	재배 지역	적정 온도	도수	맛/향
샤르도네	**부르고뉴**	10~13℃	13~15%	산미
카베르네 소비뇽	**보르도**	16~18℃	13~15%	바디감
피노 누아	**부르고뉴**	14~16℃	12~14%	산미
리슬링	모젤	7~10℃	7~10%	산미

맥주	재배 지역	적정 온도	도수	맛/향
라거	**바이에른**	4~7℃	4~6%	청량감
에일	**영국**	7~12℃	4~7%	달콤한 향
스타우트	아일랜드	10~13℃	4~8%	곡물 볶은 향
바이젠	바이에른	4~7℃	4.5~5.5%	바나나 향

물론 이것은 의미 없는 추론이 될 수도 있다. 예상하지 못한 다른 개념이 출제될 수도 있다. 그래도 그냥 내키는 대로 개념을 공부하는 것보다는 이렇게 하는 게 정확도가 높다. 또한 나름의 기준을 갖고 공부한다는 점에서 의미가 있다. 나만의 합리적인 기준이 있으면 외부의 소리에 흔들리지 않는다.

2. 다른 시험의 기출문제 참고하기

다른 시험의 기출문제를 참고하는 방법도 있다. 예를 들어 수능 수험생은 교육청 모의고사, 사관학교 기출문제까지 공부한다. 공무원 수험생은 다른 직렬의 기출문제도 참고한다. 의대생도 국가고시 문제를 공부한 뒤 전공의 시험이나 미국/일본 시험 자료를 참고한다.

물론 시험마다 경향이 조금 다르므로 내 시험과 경향이 다른 문제도 섞여 있다. 그래도 이런 자료를 참고하는 게 여러모로 낫다. 출제자 눈에 중요한 개념은 대체로 비슷하기 때문이다. 다른 시험에서 출제된 개념은 내가 볼 시험에서도 다뤄질 수 있다.

그리고 문제로 공부하면 개념을 입체적으로 볼 수 있다. 개념을 책으로만 공부하면 뜬구름을 잡는 느낌이 들 수 있는데, 이때 다른 시험에서 어떻게 출제되었는지 보면 도움이 된다.

와인	재배 지역	적정 온도	도수	맛/향
샤르도네	부르고뉴	10~13℃	13~15%	산미
카베르네 소비뇽	보르도	16~18℃	13~15%	바디감
피노 누아	부르고뉴	14~16℃	12~14%	산미
리슬링	모젤	7~10℃	7~10%	산미

맥주	재배 지역	적정 온도	도수	맛/향
라거	바이에른	4~7℃	4~6%	청량감
에일	영국	7~12℃	4~7%	달콤한 향
스타우트	아일랜드	10~13℃	4~8%	곡물 볶은 향
바이젠	바이에른	4~7℃	4.5~5.5%	바나나 향

아까 분석한 표를 다시 가져왔다. 여기서 공부 범위를 더 넓히고 싶었다. 그래서 다른 직렬 시험의 기출문제까지 참고했다. 출제 경향은 대체로 비슷했다. 그런데 '스타우트' 맥주도 종종 출제되었음을 발견했다. 그리고 최근 들어 맥주에서 '맛/향'까지 출제했음을 알게 되었다.

이는 이 개념이 내가 준비하는 시험에도 언젠가 출제될 수 있다는 뜻이다. 따라서 이 개념을 공부하는 것은 합리적인 선택이다. 이것까지 포함해서 중요도를 구분하면 다음과 같다.

와인	재배 지역	적정 온도	도수	맛/향
샤르도네	부르고뉴	10~13℃	13~15%	산미
카베르네 소비뇽	보르도	16~18℃	13~15%	바디감
피노 누아	부르고뉴	14~16℃	12~14%	산미
리슬링	모젤	7~10℃	7~10%	산미

맥주	재배 지역	적정 온도	도수	맛/향
라거	바이에른	4~7℃	4~6%	청량감
에일	영국	7~12℃	4~7%	달콤한 향
스타우트	아일랜드	10~13℃	4~8%	곡물 볶은 향
바이젠	바이에른	4~7℃	4.5~5.5%	바나나 향

3. 전문가의 의견 검토하기

전문가의 도움을 받을 수도 있다. 그들이 만든 예상 문제집, 모의고사, 강의를 참고하는 것이다. 다만 하나의 자료만 완전히 신뢰하는 건 위험하다. 여러 자료를 합쳐서 분석하는 게 좋다.

여러 예상 문제집에서 공통으로 물어본 개념은 시험에 나올 확률이 높다. 여러 모의고사에서 출제된 개념도 마찬가지다. 이전에 출제된 적 없더라도, 여러 전문가가 강조하는 개념은 공부할 가치가 있다. 물론 이렇게 내용을 선별하는 데는 시간이 걸린다. 그래도 기준 없이 모두 공부하는 것보다는 이게 더 효율적이다.

와인	재배 지역	적정 온도	도수	맛/향
샤르도네	부르고뉴	10~13℃	13~15%	산미

카베르네 소비뇽	**보르도**	16~18℃	13~15%	바디감
피노 누아	**부르고뉴**	14~16℃	12~14%	산미
리슬링	모젤	7~10℃	7~10%	산미

맥주	재배 지역	적정 온도	도수	맛/향
라거	**바이에른**	4~7℃	4~6%	청량감
에일	**영국**	7~12℃	4~7%	달콤한 향
스타우트	아일랜드	10~13℃	4~8%	곡물 볶은 향
바이젠	바이에른	4~7℃	4.5~5.5%	바나나 향

여기서 공부 범위를 넓히기 위해 예상 문제집 5종을 모았다. 그리고 맥주와 와인에 관한 문제를 분석했다. 대체로 기출문제와 비슷했지만 새로운 유형도 있었다. '리슬링'의 '재배 지역'과 '도수', '바이젠'의 '재배 지역'을 묻는 문제가 여러 문제집에 있었다. 그래서 이 내용도 공부하기로 했다.

와인	재배 지역	적정 온도	도수	맛/향
샤르도네	**부르고뉴**	10~13℃	13~15%	산미
카베르네 소비뇽	**보르도**	16~18℃	13~15%	바디감
피노 누아	**부르고뉴**	14~16℃	12~14%	산미

리슬링	모젤	7~10℃	7~10%	산미

맥주	재배 지역	적정 온도	도수	맛/향
라거	바이에른	4~7℃	4~6%	청량감
에일	영국	7~12℃	4~7%	달콤한 향
스타우트	아일랜드	10~13℃	4~8%	곡물 볶은 향
바이젠	바이에른	4~7℃	4.5~5.5%	바나나 향

4. 출제자의 강의듣기

중고등학교 내신과 대학교 시험에서는 출제자가 강의도 한다는 점이 특징이다. 이때는 기출문제만큼 중요한 개념이 또 있다. 그건 바로 수업 시간에 강조한 내용이다. 선생님이 "여기서 문제 내겠습니다"라고 말한다면 당연히 그 부분을 공부해야 한다. 이 외에도 교사나 강사에 따라 강조하는 방식은 다양하다. 유난히 오래 설명하거나 어조가 격양되는 등 사람마다 다르다.

의대생들도 교수의 강조점을 놓치지 않으려고 노력한다. 그 방법도 학교별로 다양하다. 교수님이 강조한 부분을 표시하는 '필기 부원'이 있는 학교도 있다. 학생들은 각자 필기한 내용과 필기 부원의 정리를 비교하면서 공부한다.

또는 교수님께 양해를 구하고 수업을 녹화하는 학교도 있다. 집에서 녹화본을 다시 들으면서 개념을 이해하고, 놓친 강조점도 확인한다. 혹은 친구끼리 서로 필기를 공유해서 강조점을 교차 확인하는 방법도 있다.

와인	재배 지역	적정 온도	도수	맛/향
샤르도네	부르고뉴	10~13℃	13~15%	산미
카베르네 소비뇽	보르도	16~18℃	13~15%	바디감
피노 누아	부르고뉴	14~16℃	12~14%	산미
리슬링	모젤	7~10℃	7~10%	산미

맥주	재배 지역	적정 온도	도수	맛/향
라거	바이에른	4~7℃	4~6%	청량감
에일	영국	7~12℃	4~7%	달콤한 향
스타우트	아일랜드	10~13℃	4~8%	곡물 볶은 향
바이젠	바이에른	4~7℃	4.5~5.5%	바나나 향

기출 분석을 마치고 수업 녹화본을 다시 들었다. 교수님이 "각 와인의 적정 온도를 공부해두세요"라고 말했다. 이번 시험은 그것까지 공부해야 한다. 그건 기출문제만큼, 혹은 그 이상으로 중요한 개념이다. 이것을 반영해서 공부 범위를 정하면 다음과 같다.

와인	재배 지역	적정 온도	도수	맛/향
샤르도네	부르고뉴	10~13℃	13~15%	산미
카베르네 소비뇽	보르도	16~18℃	13~15%	바디감
피노 누아	부르고뉴	14~16℃	12~14%	산미
리슬링	모젤	7~10℃	7~10%	산미

맥주	재배 지역	적정 온도	도수	맛/향
라거	바이에른	4~7℃	4~6%	청량감
에일	영국	7~12℃	4~7%	달콤한 향
스타우트	아일랜드	10~13℃	4~8%	곡물 볶은 향
바이젠	바이에른	4~7℃	4.5~5.5%	바나나 향

수능에서 EBS 연계교재를 학습하는 것도 같은 원리다. 출제기관이 EBS 교재에서 출제하겠다고 했으니 EBS 교재를 공부해야 한다. 이건 다른 문제집처럼 풀고 점수를 매기는 용도가 아니다. 이전에 출제된 적 없더라도 EBS에서 강조하는 개념이 무엇인지 확인하기 위해서다. 그것까지 공부 범위에 포함해야 한다. 물론 이 작업을 고등학생이 스스로 하기는 힘들다. 그래서 실제론 연계교재 분석 강의를 많이 듣는다.

이렇게 공부의 범위를 좁히고 넓히는 여러 방법이 있다. 그러나 복잡하게 생각할 필요는 없다. 단지 공부의 단계를 나눈 것뿐이다. 중요한 개념부터 공부하고, 이후에 덜 중요한 개념을 공부하자는 의도다.

가장 중요한 개념은 과거에 출제되었던 개념이다. 다음으로 중요한 개념은 다른 시험에 출제되었던 것, 전문가 혹은 출제자가 중요하게 생각하는 것이다.

내가 언급하지 않은 방법이 있을 수도 있다. 그 밖에도 원리를 이해하고 각자의 상황에 따라 판단해보자.

CHECK POINT

○	공부할 단원의 기출문제를 준비하자. 많을수록 좋다.
○	기출문제를 풀려면 어떤 개념을 공부해야 할까?
○	그 개념만 공부하면 목표 점수를 달성할 수 있을까? 과거 시험을 토대로 분석해보라.
○	공부 범위를 넓힌다면 무슨 개념을 공부해야 할까? 그렇게 판단한 기준은 무엇인가?

공부 범위를 확장할 때는 객관적인 기준이 있어야 한다.

기본서를
보는 순서

시험공부를 할 때는 주교재가 한 권 필요하다. 교재의 종류는 다양하다. 교과서도 있고, 시험에 맞게 편집된 기본서도 있다. 또 기본서 내용을 압축한 '요약서'도 있다. 어떤 시험은 PPT 자료나 인쇄물로 공부하기도 한다.

이때도 기본적인 독서법은 같다. 앞에서 배운 대로 읽으면 된다. 다만 시험이라는 특수한 상황에 대비해서 몇 가지 기법이 더 필요하다. 문제 이해법, 단권화, 누적복습법 그리고 회독법이다. 이 4가지 공부법은 반드시 숙지해야 한다.

1. 문제 이해법

앞서 글의 결론부터 찾아 읽는 독해법을 배웠다. 그중에 요약된 부분을 먼저 읽는 방법이 있었다. 수험 교재를 읽을 때도 결론부터 읽을 수 있다. 바로 '문제'를 보는 것이다. 우리가 교재를 읽는 목적은 어차피 문제를 풀기 위함이다. 즉 문제가 공부의 결론이다.

두꺼운 기본서를 읽으면 그 분량에 압도된다. 두꺼운 두께와 작은 글씨를 보면 숨이 막힌다. 그러나 모든 글자를 읽을 필요는 없다. 여기서도 중요한 문장은 따로 있다. 수험 교재를 읽는 목적은 문제를 풀기 위함이다.

그러므로 문제를 푸는 데 필요한 문장이 중요한 문장이다. 문제풀이에 도움이 되지 않는 문장은 중요하지 않다. 이때 기출문제를 보면 중요한 문장이 뭔지 알 수 있다. 교재를 무턱대고 정독하기 전에 중요한 부분이 어딘지 알 수 있다.

대부분은 이론을 이해하고 문제로 확인하려 한다. 그래서 일부러 문제를 나중에 본다. 그러나 방대한 교재를 꼼꼼히 읽는 게 비효율적임을 뒤늦게 깨닫는다.

우리는 문제만 풀 수 있으면 된다. 그게 수험에서의 목적감각이다. 얕게 이해해도 문제만 풀 수 있으면 괜찮다. 나름 깊이 이해해도 문세를 못 풀면 의미가 없다. 결론부터 읽으면, 즉 문제부터 보면 효율적으로 목적을 달성할 수 있다.

개념을 모르는데 어떻게 문제를 푸느냐고 반박할 수 있다. 당연히 처음부터 문제를 풀어서 맞힐 수는 없다. 문제를 풀라는 게 아니다. 문제의 도움을 받아 개념을 공부하라는 뜻이다. 문제/해설과 교재를 비교하면서 읽으면 된다.

그러면 교재의 어떤 문장에서 문제가 출제되었는지 보인다. 그리고 해설의 문장과 교재의 문장을 비교하면서 개념이 입체적으로 이해된다. 어떤 내용이 중요한지, 어떤 식으로 문제가 나오는지 알게 된다. 처음부터 지식의 쓰임새를 고려하는 것이다.

이는 백과사전을 읽는 것과 비슷하다. 백과사전을 펼 때는 분명한 목적이 있다. "백과사전을 처음부터 끝까지 정독해볼까?" 하고 읽는 사람은 없다. 보통은 '이걸 알고 싶다'는 궁금증을 가지고 사전을 펼친다. 그렇게 초점을 갖고 보면 어디를 읽어야 할지가 보인다. 자석에 철가루가 붙듯이, 필요한 내용이 눈에 들어와 꽂힌다. 문제를 보고 교재를 볼 때도 비슷한 일이 일어난다.

물론 해설지도 이해하기 힘들 만큼 기초가 부족한 경우도 있다. 그때는 기본기를 먼저 쌓아야 한다. 그렇다고 수십 강 넘는 강의를 모두 듣는 건 비효율적이다. 이건 시간이 아주 많은 경우에만 추천할 만하다.

그런 경우가 아니라면 수동적인 공부가 지속되면서 공부가 늘어질 수 있다. 지금 공부의 목적은 모든 개념을 이해하는 게 아니다. 스스로 해설을 이해할 수 있을 만큼만 강의를 들으면 된다. 짧게 압축된 강의를 듣거나 발췌해서 들으면 효과적이다.

그런데 문제 풀이 위주의 공부를 나쁘게 보는 사람도 있다. 이런 공부법은 생각의 범위를 문제 풀이로 좁힌다는 것이다. 이 말은 반만 맞는 이야기다.

'문제'는 초보 학습자에게 구체적인 목적을 제시한다. 그리고 구체적인 목적이 있으면 공부 방향성이 뚜렷해진다. 상급자는 스스로 공부 방향을 정할 수 있지만, 초급자는 제시해주는 방향을 따라가는 게 효과적이다. 상급자는 문제 없이도 주체적으로 공부할 수 있지만, 초급자에게는 쉽지 않다.

나는 대학에 와서 이를 절실히 느꼈다. 처음으로 시험 목적이 아닌 공부를 해봤기 때문이다. 과거에는 문제를 풀기 위해서 공부했다. 그래서 내가 집중할 부분이 명확했다. 점수가 오르는 걸 확인하며 재밌게 공부를 지속했다.

그런데 두꺼운 책만 들고 공부하자니, 도대체 어디서부터 봐야 할지 감이 안 잡혔다. 공부가 허공을 뱅글뱅글 맴도는 듯했다. 학창 시절 꿈꾸던 '시험공부가 아닌 진짜 공부'는 허상에 가까웠다. 오히려 시험공부 정도는 끝내야 진짜 공부를 시작할 수 있었다.

나는 요즘도 새로운 분야를 공부할 때는 시험 문제를 참고한다. 분자생물학이나 생화학을 공부하기 전에 생명과학2 문제집을 봤다. 철학에 처음 관심을 가질 때도 윤리와 사상 문제집을 참고했다.

이렇게 하는 이유는 시험공부를 좋아해서도 아니고, 문제를 잘 풀고 싶어서도 아니다. 시험 문제를 보는 게 빠르게 기초를 쌓는 방법이기 때문이다. '문제'가 공부에서 얼마나 효과적인 도구인지 직접 느껴봤으면 한다.

2. 단권화

단권화는 유명한 공부법이다. 그런 만큼 이런저런 이야기가 많아 혼란스러울 수 있는데, 이 글로 정리가 되었으면 한다.

우리는 공부하는 동안 다양한 자료를 접한다. 여러 문제, 문제의 해설, 다양한 교재, 여러 강의, 검색해서 찾은 정보, 질문해서 배운 것 등. 책 한 권만 들고 끝까지 공부하는 경우는 거의 없다.

이렇게 흩어진 정보를 하나의 체계로 정리해놓지 않으면 나중에 다시 보기 힘들다. 결국 다 날아간다. 많은 걸 보고 들었지만 점수로 연결이 안 된다.

계속 공부해도 지식이 새어나가는 느낌이 드는가? 그 이유는 정보를 한군데 모으지 않았기 때문이다. 보고들은 지식을 적절한 위치에 안착시키지 못한 것이다.

지식이 내 손에 들어온 순간부터 어디에 정리할지 생각해야 한다. 이 지식을 어디에 끼워 넣어야 필요할 때 찾을 수 있을지 고민해야 한다. 이 과정이 단권화다. 단권화는 단순히 뿌듯해하거나 보기에 깔끔하라고 하는 게 아니다. 흩어진 지식을 하나의 체계로 모아놓고 나중에 다시 보기 위함이다.

단권화의 구체적인 방법은 두 가지로 나뉜다. 기존 교재를 사용하는 방법과 직접 만드는 방법이다. 교재를 사용하는 방법은 다시 두 가지로 구분된다. 기본서(혹은 교과서)를 사용하는 방법과 요약서를 사용하는 방법이다. 두 교재는 성격이 다르기 때문이다. 요약서는 결론만 요약해서 적혀 있고, 교과서나 기본서는 그 도출 과정까지도 적혀 있다.

기본서에는 거의 모든 내용이 적혀 있다. 그래서 기본서를 공부할 때는 내용을 줄여나가야 한다. 앞서 말했듯 단권화하는 이유는 나중에 다시 보기 위함이다. 그러므로 시험 전에 다시 봐야 하는 부분은 표시해둬야 한다.

다시 말해, 시험 문제를 푸는 데 필요한 지식에 표시해야 한다. 나에게 인상 깊은 지식이나 주관적으로 중요해 보이는 곳에 표시하면 안 된다. 다음과 같이 밑줄을 긋는 방법이 대표적이다.

[샤르도네]

샤르도네(Chardonnay)는 전 세계 와인 애호가들에게 가장 사랑받는 화이트 와인 품종 중 하나로, 그 명성은 와인의 세계에서 단연 독보적이다. 이 포도 품종은 프랑스 부르고뉴 지역에서 기원하였으며, 현재는 전 세계적으로 재배되며 독특한 맛과 향을 통해 지역의 특성을 표현하는 데 탁월한 역할을 하고 있다. 샤르도네는 석회암과 점토가 혼합된 토양과 온화한 대륙성 기후를 가진 부르고뉴에서 그 풍부한 아로마와 균형 잡힌 산미를 형성하며, 이러한 환경이 품종의 세계적 명성을 만든 기초가 되었다. 놀랍도록 적응력이 뛰어난 샤르도네는 다양한 기후와 토양에서 재배될 수 있다. 차가운 기후에서는 레몬과 라임 같은 시트러스 계열의 아로마와 산미가 두드러지며, 따뜻한 기후에서는 열대 과일, 파인애플, 망고 등의 풍미가 강하게 느껴진다. 이러한 특성 덕분에 샤르도네는 그 지역의 테루아르를 그대로 반영할 수 있는 품종으로 평가받는다.

샤르도네는 양조 과정에서 매우 다양한 스타일을 만들어 낼 수 있는 특징을 가진다. 오크통에서 숙성된 샤르도네는 바닐라, 버터, 캐러멜, 견과류 같은 부드럽고 복합적인 풍미를 얻으며, 크림 같은 질감과 깊은 풍미를 자랑한다. 반면, 스테인리스 스틸 탱크에서 양조된 샤르도네는 오크의 영향을 받지 않아 청사과, 레몬, 라임과 같은 신선하고 경쾌한 과일향을 강조한다. 이처럼 다양한 양조 방식은 샤르도네 와인의 개성을 더욱 다채롭게 만든다.

샤르도네 와인을 제대로 즐기기 위해서는 적정 온도와 보관 방법이 중요하다. 샤르도네의 이상적인 서빙 온도는 10~13도로, 와인의 아로마와 풍미를 가장 잘 느낄 수 있는 온도이다. 너무 차갑게 하면 복합적인 아로마가 억제되고, 너무 따뜻하면 산미가 둔화되면서 무거운 느낌을 줄 수 있다. 샤르도네의 알코올 도수는 일반적으로 13~15%로, 포도가 자라는 지역의 기후와 양조 방식에 따라 차이가 있을 수 있지만, 온화한 산미와 높은 알코올 도수의 조화는 와인의 균형 잡힌 미감을 만든다.

샤르도네는 단순히 와인 애호가들 사이에서 인기 있는 품종을 넘어, 전 세계적으로 와인 산업에 중대한 영향을 미치고 있다. 특히 신세계 와인 생산국인 미국, 호주, 뉴질랜드 등에서도 독창적인 샤르도네 와인이 생산되며 시장의 다양성을 확대하고 있다. 앞으로 샤르도네는 환경 변화와 지속 가능성을 고려한 재배 및 양조 방식의 발전과 함께 더욱 다채로운 스타일로 발전할 것으로 기대된다. 새로운 양조 기술과 기후 변화에 대한 적응은 샤르도네의 미래 가능성을 더욱 확장시키고 있다.

반면 요약서는 결론만 달랑 요약해놓은 책이다. 다른 사람이 지식을 '선택'하고 '범주화'하고 '이해'해서 '정리'한 내용이다. 요약된 것만 보면 공부가 편할 것 같지만 실은 그렇지 않다. 내가 요약한 게 아니기 때문이다.

요약된 것만 보면 그 결론이 나온 과정을 모른다. 그래서 이해하기가 더 힘들다. 모든 내용을 암기해야 할 것 같은 기분이 든다. 그래서 요약서로 공부할 때는 비어 있는 논리를 직접 찾아야 한다. 이

때는 부족한 내용을 채워 넣는 것이 단권화다.

다음과 같이 빠진 내용을 채워 넣고, 이해에 도움이 되는 내용도 추가해야 한다.

[샤르도네]

- 독보적인 명성의 화이트 와인 품종

- 포도 품종은 프랑스 부르고뉴 지역에서 기원했음. 현재는 전세계적으로 재배됨.

- 풍부한 아로마와 균형 잡힌 산미를 형성함. 차가운 기후에서는 시트러스 향이 두드러지며, 따뜻한 기후에서는 열대 과일 풍미가 강하게 느껴짐.

- 오크통에서 숙성된 샤르도네는 바닐라, 캐러멜 같은 부드러운 풍미를 얻음. 스틸 탱크에서 양조된 샤르도네는 레몬, 라임 같은 신선한 과일향을 강조함.

- 이상적인 서빙 온도는 10~13도. 이유: 차가우면 아로마 억제, 따뜻하면 산미 둔화

- 알코올 도수는 13~15%

다음으로, 내가 직접 단권화 하는 방법이 있다. 이것을 '서브노트 공부법'이라 부르기도 한다. 다만 방법이 잘못되면 노트를 만드는 데 엄청난 시간이 걸린다. 그래서 올바른 방법을 알아야 한다.

어떤 시험은 단권화할 적절한 교재를 찾기 힘들다. 의대 시험도 그렇다. 통일된 교재가 없고, 교수님마다 수업 자료의 양식도 다르다. 자료에 제대로 된 목차가 없는 경우도 흔하다. 이런 경우에는 차라리 직접 만드는 편이 낫다.

이때는 목차부터 만들어야 한다. 교재를 읽을 때 목차부터 보는 것과 마찬가지다. 지식을 정리할 때도 목차부터 생각해야 한다. 목차 만들기는 '범주화'와 같다. 여러 지식을 체계적으로 구분하는 과정이다.

다만 전체 지식을 나만의 체계로 묶으려면, 과목을 전반적으로 이해하고 있어야 한다. 그래서 처음부터 완벽한 목차를 만들 수는 없다. 반복적으로 고쳐 나가야 한다. 이런 이유로 웬만하면 기본서나 요약서에 단권화 하는 게 편하다. 적절한 교재가 없는 경우에만 직접 만들자.

이때 흔히 하는 실수가 있다. 모든 교재의 내용을 합쳐서 정리하는 것이다. '완벽한 나만의 교재를 만들겠어'라는 생각에 무작정 모든 내용을 정리하면 안 된다. 그러면 시간이 끝없이 오래 걸리고, 제대로 마무리 짓기 힘들다. 앞서 '공부의 범위'를 강조했었다. 단권화할 때도 중요한 내용부터 정리해야 한다. 시험에 나오는 포인트만 우선 목차로 정리하자.

[세계의 와인]

1. 샤르도네   2. 카베르네 소비뇽 3. 피노 누아
 a. 재배 지역   a. 재배 지역   a. 재배 지역
 b. 도수   b. 도수   b. 도수
 c. 맛/향   c. 맛/향   c. 맛/향

목차를 만든 뒤에는, 그 밑에 세부 내용을 채워 넣는다. 앞서 밑줄을 그었던 것과 비슷하다. 밑줄을 그을 만한 내용을 직접 적는 것이다.

[세계의 와인]

1. 샤르도네   2. 카베르네 소비뇽 3. 피노 누아
 a. 재배 지역: a. 재배 지역: a. 재배 지역:
  부르고뉴   보르도   부르고뉴
 b. 도수: 13~15% b. 도수: 13~15% b. 도수: 12~14%
 c. 맛/향: 산미   c. 맛/향: 바디감 c. 맛/향: 산미

이때 손으로 쓰는 것보다는 컴퓨터 문서로 만드는 것을 추천한다. 반복적으로 수정해야 하고, 만드는 데 시간이 오래 걸리면 안 되기 때문이다. 손으로 쓰면 수정이 힘들고 속도도 느리다.

이렇듯 단권화의 3가지 방법을 봤다. 다만 앞에서 본 예시와 실제 공부는 조금 다를 수 있다. 예시만 보면 단권화가 쉬워 보인다. 중요한 내용을 찾고 밑줄을 그으면 끝이다. 그러나 실제로는 단권화가 한 번에 마무리되지 않는다. 공부할수록 지식을 범주화하는 틀이나 이해하는 방식이 바뀌기 때문이다.

생각이 바뀌면 그게 단권화에도 반영되어야 한다. 내 머릿속이 완벽히 정돈될 때까지 단권화 교재도 계속 다듬어야 한다. 그러려면 반복적으로 복습해야 한다. 그래서 '누적 복습법'이 필요하다.

3. 누적 복습법

공부 범위를 선택하고, 범주화하고, 이해하고, 단권화하는 과정은 한 번에 끝나지 않는다. 회독 수가 늘어나고 지식이 쌓여갈수록 관점이 바뀐다.

필요 없어 보였던 개념도 공부해야 할 것 같다. 개념을 더 깔끔하게 범주화하는 방식이 보인다. 어려웠던 지식을 이해할 수 있게 된다. 자연스레 단권화 교재도 점점 수정된다. 그래서 공부는 한 번에 끝낼 수 없다. 여러 번 반복해야 한다. 즉 '누적 복습'이 필요하다.

공부는 한 번에 끝내는 것이 아니다

나는 공부를 '조각'하는 과정에 비유하곤 한다. 조각상을 만들 때 두 가지 접근법이 있다. 첫 번째는 큰 틀을 먼저 만들고 세부적으로 다듬는 방식이다. 머리, 몸통, 팔, 다리만 구분해놓고, 이후에 눈, 코, 입을 조각하는 식이다. 두 번째는 처음부터 한 부위를 붙들고 완성하는 방식이다. 처음부터 얼굴에서 눈코입을 조각하고, 주름과 모공까지 완성하는 것이다.

예상할 수 있겠지만, 첫 번째 방식이 더 효과적이다. 전체를 조망하지 않고 한 부분만 파고들면 균형이 쉽게 무너진다. 나중에 보니 얼굴만 지나치게 클지도 모른다. 얼굴만 잘 만들고 다른 부위는 완성도가 떨어질 수도 있다. 시간과 에너지를 얼굴에만 쏟아부은 탓이다. 그래서 전체를 생각하지 않고 부분에만 빠져들면 위험하다. 전반적인 그림을 항상 같이 생각해야 한다.

공부에서도 마찬가지다. 공부의 한 단계를 끝내고 다음 단계로 넘어가려 하면 안 된다. 1단원을 완성하고 2단원을 공부하겠든가, A 과목을 마스터하고 B 과목을 공부하겠든가, 개념을 마스터하고 기출문제를 풀겠다는 전략은 좋지 않다. 공부에서 무언가를 완벽히 끝내는 순간은 오지 않는다.

'이것'을 끝내고 '저것'을 보는 게 아니다. '이것'을 공부하면 '저것'에도 도움이 되고, '저것'을 공부하면 '이것'에도 도움이 된다. '이것'과 '저것'의 공부가 누적되어서 서로 보완된다. 그래서 공부는 누적 복습하는 것이다. 누적의 효과는 무섭다.

'누적 복습'이라는 말을 오해해선 안 된다. 매일 1쪽부터 누적해서 복습하라는 의미가 아니다. 그것은 올바른 복습이 아니다. 그것은 공부한 것을 잊을까 두려워하는 마음에서 나온 공부법이다. '이해'와 '암기'를 한 번에 잡으려 해서 그렇다.

공부의 초반에는 이해에만 집중하면 된다. 이해가 누적되다 보면 암기할 양이 줄어든다. 그리고 끝까지 이해하지 못한 것만 따로 외우면 된다. 즉 누적 복습할 땐 이해에만 집중한다. 시험 직전에 암기하는 건 '회독법' 단계에서 할 일이다.

한 번에 한 과목씩 공부한다

이해 위주의 공부는 한 과목씩 집중하면 좋다. 그 이유는 단순하고 자명하다. 연관된 지식은 연속적으로 보면 좋기 때문이다. 한참 전에 본 것과 방금 본 것을 바로 연결할 수 있다면, 공부 순서를 아무리 뒤섞어도 상관없다.

그러나 대부분은 그런 능력이 없다. 그래서 공부 순서를 섬세하게 설계해야 한다. 방금 읽은 내용과 지금 읽은 내용이 연결되면 효과적이다. 한 과목씩 공부할 때 이런 효과를 볼 수 있다. 교재를 단권화하는 이유도 똑같다. 연관된 개념을 한군데 모아서 연속적으로 보기 위함이다.

그리고 한 과목씩 공부하면 빠르게 완주할 수 있다. 즉 1회독을 빠르게 할 수 있다. 앞 단원 개념을 잊어버리기 전에 뒷단원을 볼 수 있다. 그러면 과목의 큰 그림을 파악하기에 유리하다. 과목의 전체 흐름을 이해하고 나면 이후에 각 부분을 파고들기도 쉽다.

간혹 과목을 섞어서 공부하라는 이야기가 들린다. 어디서 그런 공부법이 나왔는지 찾아봤다. 《어떻게 공부할 것인가》(헨리 뢰디거 외 공저)라는 책을 근거로 하는 경우가 많았다. 이 책에선 '교차 연습'이라는 학습법을 강조한다. 한 주제만 계속 연습하는 것보다 다른 주제와 교차해서 연습하면 효과적이라고 한다. 실제 시험은 여러 주제를 섞어서 제시하기 때문이다. 그래서 한 주제만 공부하면 판별력이 떨어진다.

교차 연습은 과학적 근거도 있고 내 경험상으로도 효과적이다. 그러나 이것이 "과목을 섞어서 공부해라"라는 결론으로 이어지면 안 된다. 한 과목 안에도 여러 주제가 있으니 그들끼리 교차해서 공부하면 된다. 국어와 수학, 수학과 영어를 교차해서 연습할 필요는 없다. 한 시험에 국어와 수학 문제가 섞여서 나오진 않는다.

그리고 '교차 연습'은 말 그대로 '연습' 단계에서 입증된 방식이다. 이건 새로운 개념을 처음 학습할 때 추천하는 공부법이 아니다. 공부한 지식을 꺼내 보며 '연습'할 때 유용하다. 개념 학습이 끝나고 본격적으로 문제 풀이를 할 때 교차 연습하면 된다. 여러 단원을 섞어서 문제를 푸는 것이다. 결론적으로, 누적 복습할 때는 한 과목씩 공부하는 게 효과적이다.

같은 원리로, 처음 기출문제를 공부할 때는 단원별로 보면 좋다. 연관된 논리를 연속적으로 보면 이해와 분석에 도움이 된다. 그런데 공부 후반부에는 여러 단원을 섞는 교차 연습도 필요하다. 실제 시험에는 여러 단원이 섞여서 나오기 때문이다. 문제가 어떤 단원에서 나온 건지 판별하는 능력도 중요하다. 이처럼 한 주제씩 공부할 때와 주제를 섞어서 공부할 때를 구분하자.

4. 회독법

누적 복습을 통해 이해와 단권화가 끝났는가? 그렇다면 정리한 것에 숙달할 차례다. 정리가 완벽해도 시험 당일에 떠올리지 못하면 무의미하다. 마지막에 전체를 빠르게 복습하면서 숙달하는 게 수험 생활 전체에서 핵심이다. 이 순간을 위해 그동안 공부했다고 해도 과언이 아니다.

양이 많은 시험일수록 시험 직전에 외우는 게 특히 중요하다. 현실적으로 모든 내용을 이해할 수 없으니 단순 암기가 필요하다. 그런데 단순 암기한 기억은 며칠을 넘기기 힘들다. 그래서 시험 직전에 머리에 쏟아부어야 한다. 1년간 열심히 공부해도 마무리를 잘못하면 결과를 낼 수 없다. 1년간의 공부가 무색해진다.

시험 직전에 암기할 때도 반복해서 봐야 한다. 한 번에 완벽히 외울 수 없기 때문이다. 다만 '누적 복습법'과는 방식이 다르다. 그래서 둘을 구분하기 위해 이것은 '회독법'이라고 부른다.

의대 시험도 단순 암기 비중이 높아서 직전 회독이 중요하다. 그래서 공부법을 연구할 때 회독법을 유독 많이 고민했다. 시중에 알려진 회독법을 모조리 수집하고 수년간 적용해봤다. 그리고 핵심적인 원리를 추출해 이해하기 쉬운 설명으로 바꿨다. 다음 3가지 원리만 이해해도 더 이상 회독법을 고민하지 않아도 된다.

목차를 이용하기

회독법에서 핵심은 수동적으로 읽지 않는 것이다. 지금껏 공부한 내용을 기억하는지 확인해야 한다. 그냥 눈알이 스쳐 가면 기억을 확인할 수 없다. 시험 직전엔 어떤 순간보다도 능동감각이 중요하다. 그동안 공부한 걸 점검할 수 있는 마지막 기회다.

이때 목차의 도움을 받을 수 있다. 책은 목차를 통해서 개념의 층위를 만든다. 그래서 지식을 출력할 때 목차를 이용하면 유용하다. 목차는 생각의 순서를 제공해주기 때문이다. 즉 높은 층위부터 낮은 층위로 생각하는 것이다.

[세계의 와인]

1. 샤르도네　　　　2. 카베르네 소비뇽　　3. 피노 누아
　a. 재배 지역:　　　a. 재배 지역:　　　　a. 재배 지역:
　　부르고뉴　　　　　보르도　　　　　　　부르고뉴
　b. 도수: 13~15%　b. 도수: 13~15%　　b. 도수: 12~14%
　c. 맛/향: 산미　　　c. 맛/향: 바디감　　　c. 맛/향: 산미

우선 큰 목차를 보고 작은 목차를 떠올린다.

'와인 단원이네. 여기 무슨 내용이 있었더라. 샤르도네, 카베르네 소비뇽, 피노 누아, 리슬링이 있었지.'

'맥주 단원이네. 여기에선 라거, 에일, 스타우트, 바이젠에 대해서 배웠지.'

과목의 전체 흐름을 기억했다면 작은 목차를 떠올릴 수 있다.

다음엔 작은 목차를 보고 세부 내용을 떠올린다.

'샤르도네는 부르고뉴에서 재배되고, 도수는 13~15%이고, 산미가 강했지.'

떠오르지 않는 개념은 다시 학습해야 한다.

'피노 누아가 어디서 재배되더라?'

'아 샤르도네랑 똑같이 부르고뉴에서 재배되네.'

이렇게 하면 단순히 눈으로만 읽을 때보다 효과적으로 점검된다. 공부가 덜 된 부분을 콕 집어서 알 수 있기 때문이다.

교재를 읽을 때 시선을 조금씩 움직이는 게 포인트다. 시선을 주르륵 굴리지 않고 한 줄만 읽는다. 그것을 힌트로 다음 내용을 떠올린다. 그리고 시선을 조금만 내려서 답을 확인한다. 그리고 틀린 내용은 추가로 공부한다. 이렇게 교재를 읽으면 문제집이나 모의고사 없이도 능동적으로 공부할 수 있다.

태블릿을 이용하기

요즘은 태블릿으로 공부하는 학생도 많다. 태블릿을 이용한 효과적인 회독법도 있다. 태블릿으로는 주로 PDF 교재를 본다. PDF 파일은 썼다 지우기가 쉽다. 이 점을 회독법에 활용할 수 있다. 중요한 부분을 펜으로 지우고 읽는 것이다.

단권화 교재를 다음과 같이 지울 수 있다. 이미 밑줄 작업이 다 되어 있기에 그 부분을 가리기만 하면 된다. 첫 회독 때 교재를 읽으면서 주요 개념을 지운다. 그럼 교재가 다음과 같이 된다.

샤르도네

샤르도네(Chardonnay)는 전 세계 와인 애호가들에게 가장 사랑받는 화이트 와인 품종 중 하나로, 그 명성은 와인의 세계에서 단연 독보적이다. 이 포도 품종은 ▓▓▓▓▓▓ 지역에서 기원하였으며, 현재는 전 세계적으로 재배되며 독특한 맛과 향을 통해 지역의 특성을 표현하는 데 탁월한 역할을 하고 있다. 샤르도네는 석회암과 점토가 혼합된 토양과 온화한 대륙성 기후를 가진 부르고뉴에서 그 풍부한 아로마와 ▓▓▓▓▓▓▓▓를 형성하며, 이러한 환경이 품종의 세계적 명성을 만든 기초가 되었다. 놀랍도록 적응력이 뛰어난 샤르도네는 다양한 기후와 토양에서 재배될 수 있다. 차가운 기후에서는 레몬과 라임 같은 시트러스 계열의 아로마와 산미가 두드러지며, 따뜻한 기후에서는 열대 과일, 파인애플,

망고 등의 풍미가 강하게 느껴진다. 이러한 특성 덕분에 샤르도네는 그 지역의 테루아르를 그대로 반영할 수 있는 품종으로 평가받는다.

샤르도네는 양조 과정에서 매우 다양한 스타일을 만들어 낼 수 있는 특징을 가진다. 오크통에서 숙성된 샤르도네는 바닐라, 버터, 캐러멜, 견과류 같은 부드럽고 복합적인 풍미를 얻으며, 크림 같은 질감과 깊은 풍미를 자랑한다. 반면, 스테인리스 스틸 탱크에서 양조된 샤르도네는 오크의 영향을 받지 않아 청사과, 레몬, 라임과 같은 신선하고 경쾌한 과일 향을 강조한다. 이처럼 다양한 양조 방식은 샤르도네 와인의 개성을 더욱 다채롭게 만든다.

샤르도네 와인을 제대로 즐기기 위해서는 적정 온도와 보관 방법이 중요하다. 샤르도네의 이상적인 서빙 온도는 ▩▩▩로, 와인의 아로마와 풍미를 가장 잘 느낄 수 있는 온도이다. 너무 차갑게 하면 복합적인 아로마가 억제되고, 너무 따뜻하면 산미가 둔화되면서 무거운 느낌을 줄 수 있다. 샤르도네의 알코올 도수는 일반적으로 ▩▩▩로, 포도가 자라는 지역의 기후와 양조 방식에 따라 차이가 있을 수 있지만, 온화한 산미와 높은 알코올 도수의 조화는 와인의 균형 잡힌 미감을 만든다.

샤르도네는 단순히 와인 애호가들 사이에서 인기 있는 품종을 넘어, 전 세계적으로 와인 산업에 중대한 영향을 미치고 있다. 특히 신세계 와인 생산국인 미국, 호주, 뉴질랜드 등에서도 독창적인 샤르도네 와인이 생산되며 시장의 다양성을 확대하고 있다. 앞으로 샤르도네는 환경 변화와 지속 가능성을 고려한 재배 및 양조 방식의 발전과 함께 더욱 다채로운 스타일로 발전할 것으로 기대된다. 새로운 양조 기술과 기후 변화에 대한 적응은 샤르도네의 미래 가능성을 더욱 확장시키고 있다.

다음 회독부터 교재를 읽으면서 가려진 부분을 떠올려본다. 그리고 답을 확인한다. 가려놓은 걸 지우면서 확인해도 되고, 옆에 원본 파일을 나란히 두고 확인해도 된다. 물론 이렇게 회독하려면 완성된 단권화가 전제되어야 한다. '어떤 문장을 가려야 할까?'라고 지금 고민하면 안 된다는 뜻이다. 회독법은 단권화가 끝난 뒤에 하는 것이다.

플래시 카드 이용하기

마지막은 플래시 카드를 이용하는 방법이다. 카드 앞면에 문제를 적고 뒷면에 답을 적는다. 그래서 문제를 보고 답을 떠올리면서 외운다. 이 기능을 구현한 프로그램이 여러 가지 있다. 대표적인 것이

ANKI와 '퀴즐렛(Quizlet)'이다.

나는 예전부터 ANKI를 추천해오고 있다. ANKI는 미국 의대생들이 쓰는 것으로 유명하다. 이 프로그램은 성취도에 따라 복습 간격을 조절해줘서 유용하다. 또한 그림, 문장 등 다양한 형태의 문제를 만들 수 있다.

나는 의대 시험을 공부하는 내내 ANKI로 회독했다. 첫 회독 때 ANKI에 문제를 만든다. 시험에 출제되는 형태로 복잡하게 만드는 것이 아니다.

"오징어 다리 개수는? 10개."

이렇게 간단하게 만든다. 이미 단권화를 끝냈기에 문제 만드는 데는 오래 걸리지 않는다. 그냥 밑줄 그은 부분을 문제로 옮기면 된다. 문제를 만드는 과정 자체도 기억에 도움이 된다. 개념을 능동적으로 활용하기 때문이다.

두 번째 회독부터는 만든 문제를 반복해서 푼다. 나는 이동 시간을 이용해 스마트폰으로 문제를 풀었다. 그러면 책 없이도 빠르게 아웃풋을 반복할 수 있다. 시험 직전 자투리 시간까지도 활용할 수 있다. 그리고 ANKI는 외우기 힘든 내용일수록 자주 보여주므로 시험 직전의 촉박한 시간을 가장 효율적으로 활용할 수 있다.

　나는 시험 한 번마다 약 200개의 카드를 만들었다. 시험장으로 이동하고 준비하는 한 시간 동안 전체 내용을 3번 이상 복습했다. 거의 10초에 하나씩 본 셈이다. 시험 직전엔 이 정도 빠르기로 복습해야 한다. 그래야 전체 내용을 여러 번 볼 수 있다.

　• ANKI의 자세한 사용법은 다음 영상을 참고하길 바란다.

주요 기능 소개	튜토리얼

CHECK POINT

○ 기존의 공부법을 돌이켜보자. 개념 이해를 위해 문제를 활용했는가, 공부가 되었는지 확인하기 위해서만 활용했는가?

○ 주교재를 펼쳐보라. 공부한 지식이 체계적으로 정리되고 있는가? 앞으로 어떻게 단권화해야 할까?

○ 시험 직전에 어떻게 회독할지 생각해보라. 회독힐 수 있노록 교재가 정리되고 있는가?

시험이 가까워 올수록 문제를 통한 개념 이해, 단권화, 누적 및 반복 학습이 중요하다.

기출문제를
보는 순서

기출문제의 중요성은 아무리 강조해도 지나치지 않다. 그러나 기출문제를 단순히 여러 번 본다고 되는 건 아니다. 수석이나 만점 가까이 받은 학생을 인터뷰해보면 기출문제를 거의 외우고 있다. 그걸 본 일부 학생은 '나도 기출문제를 외워야겠다'라고 생각한다. 그래서 '기출문제를 7번 풀겠다' 같은 계획을 세운다.

그러나 이는 원인과 결과를 잘못 해석한 것이다. 기출문제를 제대로 분석하면 저절로 외워진다. 그 정도로 공부가 되면 시험 결과는 당연히 좋다. 그저 기출문제를 달달 암기한다고 해서 시험을 잘 보는 게 아니다.

공부할 때는 목적이 중요하다. 목적이 좋아야 행동이 좋고, 행동이 좋아야 결과도 좋다. 그런데 '기출문제를 외우겠다'는 건 추상적인 목표다. 목적을 달성했는지 확인하기도 애매하다. 토씨 하나 안 틀리고 외우겠다는 걸까? 아니면 들으면 기억날 정도로 외우겠다는 걸까?

기출문제를 한 번 볼 때마다 구체적인 목적이 있어야 한다. "네가 지금 이 문제를 보는 목적이 뭐야?"라는 질문에 한마디로 답할 수 있어야 한다. 그냥 횟수만 늘린다고 공부가 되는 게 아니다.

기출문제를 보는 목적은 뭘까? 기출문제를 보면서 무엇을 얻어야 할까? 우선 문제 풀이에 필요한 개념이 무엇인지 알아야 한다. 시험에서 개념을 어떻게 문제화하는지도 봐야 한다. 매번 출제되는 유형을 빠르게 푸는 법도 찾아야 한다. 그리고 최근의 출제 경향도 파악해야 한다. 마지막으로, 실제 시험 상황에 대비해야 한다. 시험지에 문제가 어떻게 배치되는지, 어떤 유형을 버릴 것인지, 시간관리는 어떻게 할지 생각해야 한다.

이렇듯, 기출문제를 보면서 할 일이 많다. 이런 일을 구분해서 하나씩 처리해야 한다. 아니면 한 번에 5~6가지 이상을 신경 써야 한다. 이것도 앞에서 얘기한 '일 쪼개기'의 원리다. 풀이법을 고민하면서, 출제 경향도 고민하면서, 실전까지 대비하기는 힘들다. 동시에 여러 일을 수행하면 어느 하나도 제대로 되지 않는다.

지금부터는 기출문제 공부를 세 단계로 나눠서 설명할 것이다. 각 단계에서 어떤 목적을 가지고, 어떤 행동해야 하는지 알아보자.

1. 문제별 학습

처음 개념을 공부할 때는 문제와 함께 보면 효과적이다. 시험에 어떤 개념이 나오는지, 어떤 방식으로 물어보는지, 앞으로 어떻게 공부해야 하는지 모두 가르쳐주는 건 '문제와 해설'밖에 없다.

그래서 처음에는 문제를 맞히려고 푸는 게 아니다. '답을 내는 데 이런 지식이 필요하구나', '여기를 집중적으로 공부하면 되겠네'라고 느낄 정도면 된다. 이런 생각을 가지고 교재를 보는 것이다. 그러면 막연히 교재를 정독할 때보다 빠르고 정확하게 공부하게 된다. 이게 앞에서 배운 '문제 이해법'이다.

문제 이해법으로 전반적인 개념을 학습했다면, 지금부터는 개별 문제를 격파한다. 이때는 문제에 녹아 있는 세부 논리까지 공부해야 한다. 문제의 처음부터 끝까지 빈틈없이 이해해야 한다.

주의할 점이 있다. 해설을 읽거나 설명을 들으면 쉬워 보인다. 그런데 들어서 이해되는 것과 내가 할 수 있는 것은 다르다. 내가 해설지처럼 혹은 강의처럼 설명할 수 있는지 해봐야 한다. 그리고 막히는 부분은 파고들어서 공부해야 한다. 스스로 설명해보고, 어려운 부분을 발견하고, 그 부분의 답을 찾으며 공부한다. 이는 매우 능동적인 일련의 과정이다.

정답 도출 과정을 이해했다면 오답 선택지도 공부하자. 과거에 오답으로 나왔던 내용이 나중에 정답으로 탈바꿈되는 일은 흔하다. 여기까지 공부했다면 그 문제는 정복한 것이다. 해당 문제가 담고 있는 정보를 다 뽑아먹었다.

기출문제를 이렇게 학습하는 게 최고의 개념 공부다. 강의나 기본서로 공부할 때보다 정교하게 학습하는 방법이다. 기출문제의 선택지는 강사의 한마디나 기본서의 한 줄보다 다듬어진 지식이다. 옳고 그름에 시비가 없는 엄밀한 문장만 선별되었기 때문이다. 그리고 내가 투자하는 모든 노력이 시험 점수와 연결된다. 시험에 나왔던 소재로만 공부하기 때문이다.

이렇듯 개별 문제를 공부하는 과정을 살펴봤다. 대부분 여기까지는 잘한다. 보통 다음 단계에서 빈틈이 생긴다. 이제는 여러 문제를 묶어서 봐야 한다. 서로 다른 문제를 비교/대조하며 공부하는 것이다. 여기부터 본격적으로 기출 '분석'이라고 할 수 있다.

2. 단원별 학습

문제를 단원별로 푸는 것은 기출 분석의 기초 작업이다. 비슷한 정보를 묶어서 봐야 이해가 잘된다. 그리고 출제 경향성을 보기도 쉽다. 와인과 맥주 문제를 뒤섞어서 풀면 각각을 분석하기 힘들다.

와인 문제만 묶어서 봐야 '와인에서 중요한 개념이 뭔지', '와인 문제는 어떤 식으로 출제되는지' 파악하기 쉽다. 다행히 시중의 기출문제집은 대부분 단원별로 분류되어 있다. 그런 문제집을 이용하면 편하다.

연도	소재	정답	연도	소재	정답
2024	샤르도네	부르고뉴	2020	피노 누아	산미
2024	카베르네 소비뇽	보르도	2020	에일	영국
2023	샤르도네	산미	2019	카베르네 소비뇽	13~15%
2023	피노 누아	부르고뉴	2019	피노 누아	부르고뉴
2023	라거	바이에른	2017	샤르도네	13~15%
2022	카베르네 소비뇽	보르도	2017	라거	바이에른
2021	카베르네 소비뇽	산미	2016	샤르도네	부르고뉴
2021	에일	영국	2016	피노 누아	12~14%
2020	샤르도네	부르고뉴	2015	카베르네 소비뇽	보르도

위의 표는 10년간 출제된 기출문제 리스트다. 이 문제를 '와인'과 '맥주' 단원별로 정리하면 다음과 같이 된다. 물론 이 표는 설명의 편의를 위함일 뿐 기출문제를 표로 정리하라는 뜻은 아니다.

와인					
연도	소재	정답	연도	소재	정답
2024	샤르도네	부르고뉴	2020	피노 누아	산미
2024	카베르네 소비뇽	보르도	2019	카베르네 소비뇽	13~15%
2023	샤르도네	산미	2019	피노 누아	부르고뉴

2023	피노 누아	부르고뉴	2017	샤르도네	13~15%
2021	카베르네 소비뇽	보르도	2016	샤르도네	부르고뉴
2021	카베르네 소비뇽	산미	2016	피노 누아	12~14%
2020	샤르도네	부르고뉴	2015	카베르네 소비뇽	보르도

맥주					
연도	소재	정답	연도	소재	정답
2023	라거	바이에른	2020	에일	영국
2021	에일	영국	2017	라거	바이에른

　이 회독의 첫 번째 목적은, 늘 나오는 문제를 확실히 맞히는 것이다. 즉 시험에서 안정적으로 점수를 확보하기 위함이다. 남들이 맞히는 문제를 놓쳐선 안 된다. 단순히 맞히는 정도를 넘어 신속하게 판단해야 한다. 그게 받쳐줘야 고득점을 노려볼 수 있다. 그래서 처음엔 빈출 유형부터 정복해야 한다. 이때 가장 좋은 방법이 문제를 단원별로 보는 것이다.

　기본서에는 단원마다 많은 설명이 있다. 그러나 같은 단원 문제를 모아놓고 보면, 문제에서 매번 물어보는 개념은 정해져 있다. 상당수 문제가 지겹도록 반복됨을 알 수 있다. 가령 맥주 단원에선 '라거'와 '에일'만 출제되었다. 정답 선택지로 나온 것도 '바이에른', '영국'밖에 없다. 단원별로 묶어서 보면 이런 포인트가 한눈에 보인다.

이에 비해 시중의 강의는 너무 많은 개념을 가르친다. 가르치지 않은 게 시험에 나오면 곤란해지기 때문이다. 그러나 적은 노력으로 성적을 만들고 싶다면 기출문제를 집중적으로 파야 한다.

이 단계에선 별다른 기술이 필요 없다. 단원별 기출문제집을 계속 반복하면 된다. 그러면 저절로 중요한 개념을 많이 복습할 수 있다. 자주 출제되었던 개념일수록 기출문제가 많기 때문이다. 반복하는 과정에서 빈출 개념은 자동으로 외워진다.

반복적으로 나오는 문제는 풀이법을 유형화해서 공부하면 좋다. 이는 특히 수능같이 계산이나 사고력 중심의 시험에서 유용하다. 이 부분은 강의의 도움을 받을 수 있다. 수능 3등급 정도의 학생은 풀이 알고리즘만 배워도 성적이 많이 오른다.

스스로 단축 풀이법을 찾아보는 것도 좋다. 상위권일수록 이런 과정을 즐긴다. 대부분 자신만의 풀이법을 몇 개씩은 가지고 있다.

이 회독의 두 번째 목적은, 출제의 경향을 파악하는 것이다. 기출문제를 시간순으로 비교해보면 변천사가 보인다. 이 효과를 보려면 반드시 시간 순서대로 봐야 한다.

어떤 유형은 매년 같은 방식으로 출제된다. 이 유형은 올해도 그렇게 출제될 가능성이 높다. 가령 맥주에선 '라거-바이에른', '에일-영국'만 출제되었다. 이 부분을 집중적으로 공부하면 된다.

반면 어떤 유형은 매년 조금씩 진화한다. 지난해 문제보다 깊게 출제된다. 자세한 내용까지 물어보거나 논리가 복잡해진다. 이런 유형은 기출문제보다 깊게 공부해야 한다. 와인에선 2016년에 처음 '도수'가 출제되었다. 이후로 다른 와인의 도수도 출제했다.

그리고 2020년에 처음으로 '맛/향'이 출제되었다. 그리고 2년 간격으로 다른 와인의 '맛/향'도 출제했다. 와인에 관해서는 맥주와 달리 점점 넓은 개념을 물어본다. 이번 시험에서도 새로운 문제가 출제될 수 있다는 뜻이다.

기출 분석을 마치면 다른 문제집을 풀 때도 새로운 시각으로 볼 수 있다. 해당 문제가 기출문제보다 어떻게 어려워졌는지 보인다.

'기출문제에서 안 나왔던 와인을 물어봤네.'

'기출문제보다 풀이 과정이 복잡하네.'

이런 게 파악되어야 문제를 푸는 의미가 있다. 과거에 나왔던 문제인지, 새로운 문제인지도 눈치 못 채면 곤란하다. 출제자의 의도를 알아야 문제에서 배울 점을 골라낼 수 있다.

기출문제의 경향성을 보려면, 문제가 단원별로, 시간순으로 배열되어 있어야 한다. 그리고 빠진 기출문제가 없어야 한다. 일부 문제만 편집된 교재로는 제대로 분석하기 힘들다.

적당한 기출문제집이 없다면, 직접 기출문제를 다운로드 받아서 단원별로 정리하는 방법도 있다. 그러나 모든 문제를 직접 분류하기엔 시간이 오래 걸린다. 따라서 최대한 시중 기출문제를 활용하고, 특별히 깊게 분석하고 싶은 유형만 직접 정리하는 것을 권한다.

이때 꼭 '단원별'로만 봐야 하는 건 아니다. 내가 분석하려는 목적에 따라 묶어서 공부하면 된다. 다양한 방식이 가능하다. 예를 들어, 공부하다가 '샤르도네' 관련 문제를 자주 틀렸다고 해보자. 그래서 샤르도네 관련 개념을 보완해야겠다고 생각했다.

이 경우라면 교재를 다시 읽는 것도 좋지만, 역대 기출문제를 다시 복습하는 것도 효과적이다. 내 약점 부분과 관련된 기출문제만 묶어서 보는 것이다. 다음 일곱 문제를 다시 보면서 놓쳤던 부분을 점검하면 된다.

연도	소재	정답
2024	샤르도네	부르고뉴
2023	샤르도네	산미
2020	샤르도네	부르고뉴
2017	샤르도네	13~15%
2016	샤르도네	부르고뉴
2015	샤르도네	부르고뉴
2014	샤르도네	13~15%

혹은 '도수' 개념의 공부가 부족하다는 걸 알았다고 해보자. 이때도 관련 기출문제만 모아서 함께 보면 좋다. 그러면 단순히 교재나 강의를 보는 것보다 입체적으로 공부할 수 있다. 문제 간에 미묘하게 다른 발문을 뜯어보고, 출제자의 의도를 추측하면서 실전 지식을 쌓을 수 있다.

연도	소재	정답
2019	카베르네 소비뇽	13~15%
2017	샤르도네	13~15%
2016	피노 누아	12~14%
2015	카베르네 소비뇽	13~15%
2014	샤르도네	13~15%

이렇듯 기출문제는 그냥 풀고 매기고를 반복하는 대상이 아니다. 이렇게도 묶어보고, 저렇게도 묶어보면서 문제 간의 관계를 살펴야 한다. 이렇게 분석하면 대부분의 기출문제는 저절로 외워진다. 단순히 많이 봤기 때문이 아니라 능동적으로 목적성을 가지고 봤기 때문이다.

3. 연도별(회차별) 학습

메타인지가 좋은 학생이라면 이런 의문을 가질 수 있다.

"같은 단원 문제만 푸니까 쉽게 느껴지는 거 같아. 실제 시험에서도 이렇게 풀 수 있을까?"

비슷한 유형을 연속적으로 풀면 앞에 나왔던 풀이가 뒤에서도 사용된다. 그래서 관성적으로 문제를 풀게 된다. 풀이법을 아는 상태로 문제를 읽는 것이다.

또한 문제의 주제가 뭔지 이미 알기 때문에 풀이가 쉬워진다. 맥주 단원 문제를 풀 때는 와인 관련 선택지는 제외하고 생각한다. 이런 생각이 무의식중에 일어나면서 실전 시험 대비를 방해한다.

실제 시험에는 문제가 단원별로 나오지 않는다. 여러 단원 문제가 섞여 나온다. 그래서 '이 문제가 어떤 단원인지' 파악하는 것이 풀이의 시작이다. 그렇기 때문에 공부 막바지에는 단원을 섞어서 풀어야 한다. 앞서 말한 '교차 연습'의 효과가 여기서 필요한 것이다.

그런데 문제를 랜덤으로 배치한 기출문제집은 잘 없다. 대신 연도별 기출문제를 이용할 수 있다. 예를 들어, 다음 표처럼 '샤르도네' 단원의 문제만 모아서 풀면, 이미 '샤르도네' 문제임을 알고 문제를 본다. 그래서 실전보다 쉽게 문제를 풀게 된다.

연도	소재	정답
2024	샤르도네	부르고뉴
2023	샤르도네	산미
2020	샤르도네	부르고뉴
2017	샤르도네	13~15%
2016	샤르도네	부르고뉴
2015	샤르도네	부르고뉴
2014	샤르도네	13~15%

이와 달리 다음 표처럼 연도별로 풀면 단원끼리 문제가 섞인다. 그래서 연도별로 풀면 실제 시험 상황에 대비하기도 좋다. 목표 점수를 받으려면 몇 문제까지 버려도 괜찮은지, 시간 배분은 어떻게 할지, 어떤 순서로 문제를 풀어야 할지 정할 수 있다.

2024년 기출		2023년 기출	
샤르도네	부르고뉴	샤르도네	산미
카베르네 소비뇽	보르도	피노 누아	부르고뉴
잭 다니엘스	40%	라거	바이에른
조니 워커	스코틀랜드	잭 다니엘스	테네시
짐 빔	켄터키	산토리 가쿠	7%

물론 이미 풀어본 기출문제이기에 실전 훈련을 충분히 하기는 힘들다. 그래서 문제를 시간 재고 풀기보다는 시험 전략을 연구한다고 생각해야 한다. 실전 훈련은 기타 사설 모의고사를 풀어보며 보완하면 된다. 전략의 연구는 기출문제로 하고, 전략의 실행은 새로운 모의고사로 해보는 것이다.

이렇게 기출문제를 세 단계로 학습했다. 기출문제를 한 문제씩 볼 때는, 문제를 통해 개념을 학습한다. 단원별로 볼 때는, 빈출 개념을 체화하고 출제 경향성을 파악한다. 연도별로 볼 때는, 단원을 섞어서 풀어보고 실전 전략을 연구한다.

이 순서대로 공부하면 기출문제에서 필요한 모든 지점을 분석할 수 있다. 이는 불필요한 과정의 중복 없이 효율적으로 기출문제를 공부하는 순서다.

CHECK POINT

○	공부할 단원의 기출문제를 준비하라. 많을수록 좋다.
○	각각의 문제를 푸는 법을 타인에게 설명할 수 있는가?
○	이 단원에서 매번 출제되는 개념/유형은 무엇인가?
○	이 단원 문제는 매번 비슷하게 출제되는가? 아니면 새로운 문제가 나오는가? 새로운 문제를 대비하려면 어떻게 공부해야 할까?

기출문제를 분석할 때도 '목적'이 중요하다.

마치면서

완전히
다른 레벨로의 초대

제대로 공부하기 전에는
결코 알 수 없는 세계

이 책을 읽고 나서 절대로 하면 안 되는 생각이 있다.

'이 책을 3번 읽으면 공부법을 완성할 수 있겠다.'

'딱 2주만 투자해서 공부법을 끝내고, 본격적으로 공부하자.'

공부법을 끝내놓고 제대로 공부를 시작하겠다는 학생이 많다. 그러나 이는 잘못된 접근이다. 공부법이 불완전해도 바로 공부를 시작해야 한다. 공부를 직접 해봐야만 공부법을 이해할 수 있기 때문이다.

이와 관련해서 '메리의 방'이라는 예시를 들어보겠다.

메리라는 소녀는 태어난 이후로 자신의 방을 벗어난 적이 없다. 그 방에 있는 모든 물건은 흑백이다. 그래서 평생 다른 색을 본 적이 없다. 다른 색이 궁금했던 메리는 빨간색을 공부했다. 빨간색을 보면 어떤 느낌인지, 파장은 얼마인지, 다른 색과 섞으면 어떻게 되는지 조사했다. 오랜 공부 끝에 메리는 빨간색에 대한 모든 지식을 갖게 되었다. 그러던 메리는 어느 날 처음으로 방을 나와서 빨간색 사과를 봤다. 그리고 깜짝 놀랐다. 자기가 생각했던 빨간색과 너무 달랐기 때문이다. 그동안 자기가 빨간색에 대해 전혀 모르고 있었음을 깨달았다.

빨간색을 보기 전까지 빨간색을 알 수 없다. 마찬가지로 공부를 해보기 전까지는 공부를 알 수 없다. 공부법을 읽고 동의하기는 쉽다. 그러나 그건 남이 공부하고 느꼈던 감각을 표현한 문장일 뿐이다. 공부법 책을 읽는다고 진짜 공부를 경험할 순 없다. 직접 공부해봐야만 '공부가 잘된다는 게 이런 거구나'라고 느낄 수 있다. 그 뒤에 공부법을 읽으면 의미가 구체적으로 다가온다. 공부법은 그런 경로를 통해서만 습득된다.

공부법을 공식처럼 신봉하지 말자

내게 맞는 공부법을 찾는 과정은 다음과 같은 문장으로 요약할 수 있다.

"A 방식보다 B 방식이 효과적이다."

더 효과적인 방식을 채택해서 공부를 잘하게 되는 것. 그게 공부법의 목적이다. 이 책에서도 많은 공부법 명제를 나열했다. 그러나 공부법 명제를 수학 공식처럼 받아들여선 안 된다. 그걸 물리학 법칙처럼 언제나 적용되는 것으로 생각하면 곤란하다.

언젠가 이런 학생을 만난 적이 있다. 수학 문제를 풀고 나서도 절대 해설을 보지 않는단다. 왜 그러냐고 물으니 "수학 공부할 때는 답지 보지 말래요"라고 했다. 학원 선생님에게서 들은 공부법이라고 했다. 선생님은 최대한 스스로 고민해보라는 의도로 한 말이었을 것이다.

그런데 학생은 그 공부법의 원리를 생각하지 않고 공식처럼 외워버렸다. 처음 문제를 풀 때는 혼자 고민하더라도, 풀고 난 뒤에는 해설을 봐야 한다. 그래야 나의 풀이 과정을 피드백할 수 있다.

정도의 차이가 있을 뿐 누구나 비슷한 실수를 한다. 글자 밑에 깔린 원리를 생각하지 않고, 글자 껍데기만 생각하는 경우가 많다. 이 책에 적힌 공부법은 반례 없는 '절대 공식'이 아니다. 이 말이 정말 맞는지 항상 의심하면서 읽어야 한다. 왜 이렇게 공부하라는 건지 원리를 생각해야 한다.

약의 이름을 외운다고 병이 치료되지 않는다. 약을 먹어야 치료된다. 공부법을 외운다고 공부가 잘되지 않는다. 직접 공부 속에서 공부법을 경험해야 한다.

공부법은 결국 합격을 위한 수단일 뿐이다

메디소드 덕분에 공부법의 재미를 알게 되었다는 이야기를 종종 듣는다.

"공부법에도 이런 체계가 있는지 몰랐네요. 그동안 여기저기서 들었던 게 이제야 이해돼요."

파편화되어 있던 공부법 지식이 맞춰지면서 재미를 느낄 수 있다. 그런데 이 때문에 실수를 저지르는 학생이 있다. 공부법 이론 자체에 집착하는 것이다.

우리는 공부법으로 성적을 올리는 전략가가 되어야 한다. 그런데 몇몇 학생은 공부법을 연구하는 학자가 되려 한다. 공부법을 하나씩 노트에 정리하고 원리에 따라 분류한다. 다른 공부법 책의 내용도 수집해서 같이 정리한다.

공부법들을 비교하고 통합해서 더 넓은 이론을 만들겠다는 학생도 봤다. 학자 성향이 있는 사람은 이런 일에 흥미를 느낀다. 그러나 그것들은 공부법이지, 공부가 아니다.

공부법 자체가 목적이 되면 안 된다. 그건 목적감각이 낮은 것이다. 공부법을 배우는 목적은 실제 공부를 잘하기 위함이다.

나는 공부법이 심리학과 비슷하다고 생각한다. 심리학을 잘 안다는 건 뭘까? 프로이트, 카를 융, 아들러의 이론을 줄줄 외우면 되는 걸까? 심리학 이론에는 능통하면서, 소중한 인간관계를 망치고, 주변의 신의를 얻지 못하는 사람도 있다. 이들이 심리학을 잘 안다고 할 수 있을까? 심리'학' 전문가일지는 몰라도 '심리' 전문가는 아니라고 생각한다.

공부법도 마찬가지다. 공부법 명제를 장황하게 설명하는 건 중요하지 않다. 정작 공부를 잘하지 못하면 무슨 의미가 있겠는가. 그런 공부법은 죽은 지식이다. 공부법을 통해 현실에 변화를 만들어야 한다. 그래야 내 공부법이 살아 있는 지식이 된다. 이론에만 매몰되는 사람이 되지 말자.

이렇듯 시험을 위해 공부하는 것과 공부법 그 자체를 익히는 건 조금 다르다. 공부법은 머리보다는 몸으로 익혀야 한다. 축구공 차는 법을 배우는 것과 비슷하다. 공을 직접 차보지 않으면서 방법만 기억하고 체계적으로 정리해봤자 의미가 없다. 지금쯤이면 이런 생각을 할 수도 있다.

"다 하지 말라고 하면 도대체 어떻게 하라는 거야?"

답은 복잡하지 않다. 단 하나만 실행하면 모든 게 해결된다.

공부법을 온전히
내 것으로 만드는 법

공부법을 내 것으로 만드는 유일한 방법은 '내 공부를 관찰하는 것'이다. 이는 남의 지시 이전에 자기 자신에 대해 생각하는 능력, 즉 '메타인지'라고도 부른다. 공부에서 메타인지 개념이 중시된 지는 오래되었다. 그러나 정확히 메타인지가 왜 중요한지 이해하는 사람은 많지 않다.

축구 배우는 장면을 생각해보자. 한 아이가 메시에게 프리킥을 배운다. 메시가 이렇게 말한다.

"내가 차는 걸 보고 그대로 따라 해봐."

그리고 멋지게 공을 찬다. 아이는 메시를 따라 할 수 있을까? 절대 못 따라 한다. 이번엔 메시가 이렇게 말한다.

"디딤발을 공 10센티미터 뒤에 두고, 상체는 20도 기울이면서, 시속 100킬로미터로 차면 돼."

프리킥의 구성요소를 쪼개고 자세하게 설명했다. 그러나 아이는 여전히 따라 할 수 없다.

내 공부법을 자주 점검하자

그럼 어떻게 배워야 할까? 메시의 자세를 복사하는 게 아니라, 본인의 자세를 하나씩 수정해야 한다. 메시는 이렇게 가르쳤어야 한다.

"너는 디딤발이 너무 앞에 있어. 조금만 뒤로 빼봐."

"공에 닿기 직전에 발이 너무 느려. 더 빨라야 해."

이렇게 접근해야만 아이가 자세를 배울 수 있다. 본인의 자세를 수정하면서 메시의 자세에 가까워진다. 이제는 스스로 연습할 수도 있다. 본인의 프리킥 장면을 녹화하고, 메시의 자세와 비교하면 된다. 그리고 다른 점을 하나씩 고쳐 나가면 된다. 처음부터 전체를 따라 하는 게 아니라, 하나씩 수정해야 한다.

공부법을 배울 때도 마찬가지다. 다른 사람의 방식을 그대로 흉내 내는 건 불가능하다. 공부법 책의 여러 내용을 일일이 따라 하기도 힘들다. 동시에 여러 가지를 신경 쓰느라 오히려 공부가 삐걱거린다. 그러므로 '내 공부법을 하나씩 고쳐나간다'는 생각으로 접근해야 한다. 서서히 공부 방식을 다듬어야 한다.

그런데 공부가 축구보다 어려운 점이 있다. 축구는 몸으로 하지만, 공부는 머리로 한다. 그래서 내가 공부하는 모습을 남이 볼 수 없다. 머릿속으로 어떻게 생각하는지 남이 볼 수 없다는 뜻이다. 축구 코치는 내 자세를 관찰하고 고쳐줄 수 있다. 그런데 어떤 코치도 공부하는 내 머릿속을 볼 수는 없다. 내 머릿속에서 무슨 일이 일어나는지는 오직 나만 알 수 있다.

이때 필요한 것이 메타인지다. 공부는 '눈'으로는 볼 수 없고 '메타인지'로만 볼 수 있다. 메타인지를 사용해야만 공부법을 수정할 수 있다. 그래야만 공부법을 익힐 수 있다.

'능동감각을 높이는 방법'을 달달 외우는 건 소용 없다. 공부법을 노트에 체계적으로 정리할 필요도 없다. 자신이 지금 수동적으로 공부하고 있음을 알아채는 게 더 중요하다. 그런데 적당한 방법이 떠오르지 않는다면 공부법 책을 잠깐 들춰보자.

'공부했던 개념을 스스로 설명하면서 공부하면 좋겠네.'

이렇게 나의 공부법을 조금씩 피드백하면 공부법은 저절로 체화된다.

그래서 이 책은 읽고 나서 그냥 책꽂이에 꽂아두자. 이 책을 달달 외우고 나서 공부를 시작하는 게 아니다. 일단 바로 공부를 시작해야 한다. 그리고 공부하는 동시에 나의 공부를 관찰해야 한다. 그러다가 공부법 책을 읽으면 배울 부분이 뚜렷하게 보인다. 그 부분을 하나씩 보완하면 점점 공부의 효율이 올라간다. 공부법을 완벽하게 익힌 다음에 공부를 시작하라는 게 절대 아니다.

공부 일기를 쓰자

공부할 때는 항상 나의 공부를 지켜봐야 한다. 그리고 무엇이 부족한지 파악하고, 보완함으로써 원하는 점수에 도달하도록 공부 실력을 쌓아가야 한다. 그러기 위한 가장 좋은 방식은 사고력을 높이는 방법과 유사하다. 생각을 글로 표현해보는 것이다. 나는 학생들에게 본인의 공부를 돌아보는 글을 쓰도록 한다. 공부할 때 했던 생각을 복기해보라고 한다.

이를 '공부 일기'라고 부른다. 보통 일기는 오늘 내가 겪은 일을 적는다. 그런데 공부 일기는 내 머릿속에서 일어난 일을 적는 것이다. 사실 머릿속으로만 떠올리면 생각을 이어 나가기 힘들다. 그러나 종이에 쓰면서 눈으로 확인하면 생각이 흩날리지 않는다. 생각을 끝까지 밀어붙이고, 내 공부의 약점을 명확하게 파악할 수 있다.

공부 일기를 적는 방식에는 여러 가지가 있다. 가장 간단하게는, 틀린 문제를 이용한 방식이 있다. 틀린 문제를 답안지만 읽고 넘기면 발전이 없다. 어떤 사고 과정으로 답을 도출했는지, 어떤 개념이 부족했는지, 어떤 실수가 있었는지 찾아야 한다.

혹시 답을 맞혔더라도 모두 이해한 건 아니다. 애매하게 이해했던 부분을 그냥 넘기면 안 된다. 완전히 해부해서 끝까지 파고들어야 한다. 머리로만 생각하지 말고 반드시 적어봐야 한다. 적어보는 훈련을 반복해야, 나중엔 머리로만 생각해도 명료한 답이 나온다.

"$a^2+b^2+c^2=6$과 $(a-1)^2+(b+1)^2+(c-1)^2=k$를 연립하면 $a^2+b^2+c^2=6$, $a+b+c=\dfrac{9-k}{2}$, k에 대한 부등식으로 변형된다. 그런데 연립방정식 f(a,b,c)=0, g(a,b,c)은 f(a,b,c)=0, g(a,b,c,)-f(a,b,c)=0과 동치가 아닌가? 왜 저 부등식까지 포함해야 동치인지 이해가 안 됐다. 그런데 두 구의 방정식을 연립하여 얻은 평면의 방정식은 두 구가 만날 때만 교점을 포함하는 평면이 된다. 그러므로 두 구가 만나기 위한 조건을 반드시 적용해야 한다. 이게 k에 대한 부등식으로 나온 것이다."(재수생 시절 공부 일기 1)

"연립해서 판별식을 조사할 때 이해가 안 되는 점이 있었다. 두 식을 모두 y=f(x) y=g(x) 꼴로 정리하여, f(x)=g(x)로 연립하는 경우는 판별식이 0이면 접한다는 것이 직관적으로 이해가 된다. 이차곡선과 직선을 연립할 때처럼 대입법으로 연립하거나, 무리함수와 직선을 연립할 때처럼 제곱한 뒤에 연립하더라도 판별식이 0일 때 접한다는 것이 이해되지 않았다. 등치법으로 연립하는 것과 가감법 또는 대입법으로 연립하는 것은 개념적으로 차이가 없구나. 그리고 무리함수는 이차곡선의 일부를 나타내지만, 제곱하면 이차곡선의 모든 부분을 나타낸다. 그래서 제곱한 뒤에 접하는 조건을

풀면 똑같다."(재수생 시절 공부 일기 2)

또는 나의 공부에서 비효율적인 부분을 포착하는 것도 좋다. 예를 들어, 맞힌 문제라도 '이보다 더 간결한 풀이가 없을지' 고민해볼 수 있다. 생각의 절차를 복기하면서 불필요한 과정을 쳐내는 것이다.

평상시에도 이런 생각을 계속해야 한다. 나는 매일 공부를 마치고 오늘의 공부에서 비효율적이었던 부분을 평가했다. 누구나 왠지 공부가 잘 안될 때가 있다. 대부분은 그냥 '오늘 컨디션이 안 좋은가 보다'라고 생각하거나, 주변 환경 탓을 한다. 그런데 사실 공부가 안 되는 데는 이유가 있고, 그 이유는 대부분 본인에게서 찾을 수 있다. 환경 탓이 아니라 본인 탓을 할 때 발전할 수 있다.

"강의를 들어도 들은 거 같지 않고, 분명 공부는 했는데 아무것도 안 한 거 같다. 그날 한 공부는 그날 완결을 지어야 한다. 아니면 다 날아간다. 매 챕터가 끝난 뒤에 지식이 정착되었는지 확인하고 넘어가자. 자꾸 남은 공부가 쌓이고 완결이 안 되니까, 그 주제와 연결된 다른 내용도 공부가 안되는 느낌이다."(의대 예과 시절 공부 일기 1)

"그동안 현실과 동떨어진 고민을 해 온 거 같다. 지금 내가 하는 공부는 과목의 큰 틀을 짤 필요는 없을 거 같다. 어차 피 시험에는 문제를 통해 힌트를 주고 답을 고르는 것만 출 제된다. 근데 왜 계속 내가 가진 지식의 전체를 조직하고 싶 어 했을까? 외울 것을 선별하여 외우기 좋게 조직할 때 의미 가 있다. 큰 맥락들의 관계는 그냥 머릿속으로 생각해보는 정도로 하자." (의대 예과 시절 공부 일기 2)

이런 훈련을 거치면서 점점 내 생각을 피드백하는 능력이 좋아 진다. 나중엔 공부하는 동시에 공부의 비효율을 제거할 수 있다. 그 러면 공부법을 하나 배울 때마다 바로 공부에 적용할 수 있다. 당연 히 공부의 능률이 계속 올라간다.

나는 공부법을 남들보다 선명하게 묘사하는 재주가 있다. 그런 점 때문에 블로그 칼럼의 독자도 많다고 생각한다. 그러나 그건 내 가 유별나게 똑똑해서가 아니다. 예민한 사람이기 때문이다. 어릴 때부터 몸이 조금만 불편해도 견디질 못했다. 살짝만 시끄러워도 집중력이 확 떨어졌다.

이런 과민함이 적어도 공부법에선 도움이 되었다. '지금 공부가 잘 안된다' 혹은 '공부가 잘되고 있다'라는 감각도 예민하게 느꼈다. 그래서 계속 공부가 잘되는 상태를 유지하는 방법을 고민했다. 그 리고 재수생 시절부터 공부 일기를 쓰면서 그 감각을 다듬었다. 그 시간이 모여서 공부법을 섬세한 언어로 표현할 수 있게 되었다.

공부할 때 자신의 감각에 집중해야 한다. 공부가 잘되지 않으면 멈춰야 한다. 그리고 원인을 생각해봐야 한다.

'공부를 수동적으로 해서 그런가?'

'목적이 구체적이지 않아서 그런가?'

'공부한 걸 요약해보지 않아서 그런가?'

처음엔 이런 생각을 하는 게 낯설다. 그래서 글로 적어보면서 피드백해야 한다. 경험이 축적되면 나만의 행동양식이 생긴다.

'이런 환경에선 이렇게 공부하면 집중이 잘되지.'

'이런 내용은 이렇게 하면 잘 외워져.'

이렇게 스스로 진단할 정도의 레벨이 되면 언제나 막힘 없이 효율적으로 공부할 수 있다.

시험장에 들어갈 때까지 기억해야 할 것들

공부법을 처음 배우면 설렘이 크다. '이대로 하면 진짜 합격하겠다'라는 생각이 든다. 그러나 성과를 얻지 못하는 학생도 많다. 현실의 공부에 치이면서 공부법을 놓치기 때문이다. 오늘 나갈 진도, 내일까지 할 과제, 어제 친 모의고사 정리 등 당장 급한 공부가 많다. 그래서 공부법은 눈에 들어오지도 않는다. 여기서 문제가 생긴다.

평생 공부해온 관성은 한 번에 바뀌지 않는다. 의식하지 않으면 바로 원래대로 돌아간다. 게다가 시험이 다가올수록 공부에 대한 압박이 커진다. 당장 눈앞에 있는 공부의 두려움이 나를 압도한다.

그래서 그릇된 판단을 한다. 어느새 다시 기존의 잘못된 방식으로 공부하는 자신을 발견한다. 그러나 이런 심리를 극복해야 한다.

잘못된 사고법으로 공부하면 어차피 머리에 남지 않는다. 두려움을 거스르고 끝까지 사고법을 다듬어야 한다.

공부법은 하루아침에 완성되지 않는다

수동적으로 공부하는 습관이 있던 학생이 있다. 그는 배운 내용을 머리로 떠올려보지 않고, 계속 강의를 듣기만 했다. 그러다 공부법을 배우면서 능동적으로 공부하기 시작했다.

그런데 시험이 다가오면서 다시 공부법을 의식하지 않고 수동적으로 공부하는 방식으로 돌아갔다. 시험 직전에 외울 내용도 눈으로만 훑었다. 당연히 제대로 회독이 되지 않았고 머리에 남는 게 없었다.

이런 패턴 때문에 많은 학생이 공부법을 배우고도 성과를 얻지 못한다. 그래서 나는 "공부법은 시험 치기 직전까지도 의식해야 한다"라고 말한다. 이 말을 들으면 부담을 느낄 것이다.

"공부하기도 바쁜데 공부법을 언제 보고 있나요?"

공부법까지 공부하라는 말이 아니다. 공부법이 공부에 부담을 줘선 안 된다. 자신의 공부를 계속 살피는 정도면 충분하다.

'나 지금 수동적으로 공부하고 있네. 능동적으로 고쳐야겠다.'

이렇게 메타인지를 계속 가동해야 한다. 따로 시간을 내서 공부법을 배우는 게 아니라, 공부와 함께 의식해야 한다.

우리의 공부는 영원히 완벽에 다다를 수 없다. 그렇기에, 언제나 수정해야 할 부분이 있다. 시험 전에 공부법에 완전히 통달할 수는 없다. 보통은 공부법이 완성되기 전에 이미 합격하기 때문이다. 이처럼 공부법은 하루하루 나아지기 위한 도구일 뿐이다.

공부의 운전대를 남에게 내어주지 마라

높은 메타인지는 결국 높은 '주체성'으로 이어진다. 내가 관찰한 의대생은 대부분 주체적으로 공부했다. 높은 목표를 가진 학생에게도 가장 먼저 주체성을 강조한다.

"운전대를 커뮤니티, 강사님, 친구, 부모님께 내어주지 마세요. 직접 운전하세요. 모든 사소한 결정도 직접 해야 합니다."

내가 끊임없이 반복하는 말이다. 남의 소리에 휘둘리면서 탁월한 성과를 낸 사람은 없다.

반대로 메타인지가 낮으면 공부의 주체성도 낮은 경우가 많다. 내가 부족한 부분이 어딘지 모르기 때문이다. '필요'에 따라 공부하는 게 아니라, '외부의 소리'에 따라 공부한다.

A 강의가 좋다는 친구의 말, 상위권 아이들은 B 선생님에게 과외를 받더라는 부모님의 말, 나만 따라오면 된다는 C 강사의 말…. 이리저리 타인에게 휘둘리면서 수험 기간을 지낸다. 이런 상황을 보고 주체성이 낮다고 한다. 운전대를 내가 잡지 않고, 타인에게 내

어줬기 때문이다.

수험 커뮤니티를 봐도 이런 학생이 흔하다.

"A 강사가 좋나요, B 강사가 좋나요?"

"제가 3개월 뒤에 합격할 수 있을까요?"

이런 질문들이 낮은 주체성의 대표적인 케이스이다. 그러나 내 공부 상황은 오직 내 메타인지로만 판단할 수 있다. 나에게 필요한 공부가 뭔지, 얼마나 공부를 해야 할지는 오직 나만이 알 수 있다.

물론 결정을 내리기 위해 정보를 수집하는 일은 필요하다. A 강의와 B 강의의 장단점을 알아야 결정할 수 있다. 다만 "나는 아는 게 없으니까 당신이 하라는 대로 할게요"라는 마음가짐은 위험하다는 말이다. "내가 합격할 수 있다는 용기를 준다면 뭘 해야 할지 잘 모르겠지만 노력해볼게요"라는 태도로는 지속적인 노력이 불가능하다.

공부의 밑바탕에는 반드시 '주체성'이 있어야 한다. 자신의 공부를 관찰하고 부족한 부분을 찾아야 한다. 그리고 필요한 공부를 스스로 선택해야 한다.

개념서를 읽을지 강의를 들을지, A 교재를 볼지 B 교재를 볼지, 기출문제를 다시 분석할지 모의고사를 풀지, X 과목과 Y 과목 중 무엇을 더 공부할지. 이 모든 과정을 스스로 생각해서 결정해야 한다. 그렇지 않으면 외부의 소리에 흔들리기 쉽고, 나만의 페이스로 공부를 지속할 수 없다.

내 공부를 관찰할 수 있어야 주체성을 발휘할 수 있다. 그러므로 내 공부 감각에 집중해야 한다. 지금 공부가 잘되고 있는지, 나는 이 걸 확실히 알고 있는지 예민하게 느껴야 한다. 그래야 완전히 다른 차원의 목표에 도달할 수 있다. 3가지 공부 감각을 손에 쥔 당신이 새로운 세계에 발 디디는 그날을 뜨겁게 응원하겠다.

**함께 읽으면 좋은
도서 목록**

1장. 지금까지 아무도 몰랐던 공부의 비밀

이 책에서 '시간 관리'에 대해선 다루지 않았다. 지식 습득 방법을 주로 다뤘기 때문이다. 대신 다음의 책을 읽어보면 도움이 된다.

> **1. 쏟아지는 일 완벽하게 해내는 법** · 데이비드 앨런
> 시간을 체계적으로 관리하는 최고의 시스템. 나도 이 책의 방법론에 따라 하루를 살아간다.

> **2. 아주 작은 습관의 힘** · 제임스 클리어
> 계획만으로 하루를 완벽하게 설계하기는 힘들다. 그 빈틈을 채워주는 것은 '좋은 습관'이다. 습관을 설계하는 원리와 기술을 알려주는 책.

> **3. 시간을 정복한 남자, 류비셰프** · 다닐 알렉산드로비치 그라닌
> 시간 관리에는 자신의 냉정한 피드백이 중요하다. 그 이유를 알려주는 책. 읽어보면 시간에 대한 관점이 바뀐다.

2장. 합격의 문을 여는 3가지 원리

2장에서는 공부법의 기본 원리를 다루었다. 공부의 전반적인 원리를 알 수 있는 몇 권을 더 소개한다.

> **4. 어떻게 공부할 것인가** · 헨리 뢰디거, 마크 맥대니얼, 피터 브라운
> 연구 결과에 기반한 공부법을 제시한다. 다른 공부법 책에서 가장 많이 인용되는 책.

5. 다산선생 지식경영법 · 정민

정약용이 방대한 지식을 다룰 수 있었던 전략을 소개한다. 공부법 책은 아니지만, 내게 가장 많은 공부법 원리를 알려준 책 중 하나.

6. 공부의 본질 · 이윤규

앞서 소개한 두 권에 비해 '수험 공부'에 적합한 원리를 다룬다.

3장. 어떤 내용도 빠르게 흡수하는 '독해 법칙'

3장에선 공부법 원리를 기반으로 빠르고 정확하게 핵심을 파악할 수 있는 독해법을 소개했다. 아직 독해법에 목마르다면 다음의 책을 추천한다.

7. 생각을 넓혀주는 독서법 · 모티머 J. 애들러, 찰스 밴 도렌

브리태니커 편집장의 독서법 책. 구체적인 독해 원리를 총체적으로 다룬다.

8. 국정보 · 진형석

수능 국어 영역을 정복하기 위한 교재. 한쪽으로 치우치지 않은, 중도적인 비문학 접근법을 다룬다.

4장. 외우지 않는 '암기의 기술'

4장에선 다섯 가지 암기법을 순차적으로 배웠다. 각 암기법을 보강할 수 있는 책을 소개한다.

9. 무조건 합격하는 암기의 기술 · 이윤규

가장 체계적인 암기법 이론서. 개별 암기법을 다루고, 구체적인 조합법까지 소개한다.

10. 기적의 암기법 · 정계원

국제 기억력 대회 수상자의 책. 암기법 중 '변환'을 집중적으로 다룬다. 특히 이미지를 활용한 변환 암기법을 배울 수 있다.

5장. 정답 감각을 높이는 '초효율 기출·교재 정리법'

5장에선 교재와 기출문제 학습법을 다뤘다. 수험생에게 적절한 공부법 책을 더 소개한다.

11. 0초 공부법 · 우쓰데 마사미
극단적으로 효율적인 '0초 공부법'을 추구한다. 그 원리는 결국 이 책에서 말한 '순서감 각'과 연결된다.

12. 도쿄대생의 교활한 시험 기술 · 니시오카 잇세이
제목 그대로 '교활한' 공부법을 배울 수 있다. '목적감각'을 높이는 데 도움이 되는 책.

외우지 않는 공부법

초판 1쇄 발행 2025년 4월 16일
초판 7쇄 발행 2025년 4월 30일

지은이 손의찬(메디소드)
펴낸이 이경희

펴낸곳 빅피시
출판등록 2021년 4월 6일 제2021-000115호
주소 서울시 마포구 월드컵북로 402, KGIT 19층 1906호